Meisterwerke kurz und bündig

Goethes Faust
Von Michael Lösch

SERIE PIPER

Meisterwerke kurz und bündig
Herausgegeben von Olaf Benzinger

Sicherlich kennt man den Faust und wie ihm der Teufel in Gestalt eines schwarzen Pudels begegnet. Oder seine Geliebte und ihre sprichwörtlich gewordene »Gretchenfrage«. Aber wohl kaum jemand kann den ganzen »Faust«, seine komplizierte Handlung, seine Bedeutung und seine Entstehungsgeschichte im Kopf behalten. Dazu ist das Werk zu mannigfaltig, zu groß – eine der gewaltigsten Schöpfungen der deutschen Literatur. Michael Lösch stellt das Wichtigste zu Goethes »Faust« zusammen: Entstehung, Inhalt und Aufbau, Wirkungsgeschichte und was man über Johann Wolfgang von Goethe wissen muß. Im Mittelpunkt der allgemeinverständlichen Darstellung stehen alle wichtigen Daten, Fakten und Hintergrundinformationen. Ein höchst kurzweiliges Kompendium für Laien und Experten, für Liebhaber und Neugierige. Das berühmteste Drama der deutschen Literatur auf einen Blick.

Michael Lösch, geboren 1953 in Mortesdorf/Rumänien. Siedelte 1973 in die Bundesrepublik Deutschland über. Studium der Germanistik, Anglistik, Geschichte und Politologie. Er arbeitete bis 1991 als Lehrer und machte anschließend Karriere als DJ. Von ihm erschien »Who's who bei Goethe«.

Goethes Faust

Von Michael Lösch

Piper München Zürich

In der Reihe »Meisterwerke kurz und bündig« liegen vor:
Homers Ilias und Odyssee (von Gerhard Fink, Serie Piper 2885)
Goethes Faust (von Michael Lösch, Serie Piper 2886)
Wagners Ring (von Robert Maschka, Serie Piper 2887)
Michelangelos Sixtinische Kapelle (von Lieselotte Bestmann, Serie Piper 2888)
Prousts Auf der Suche nach der verlorenen Zeit (von Philipp Reuter, Serie Piper 2890)
Dantes Göttliche Komödie (von Fritz R. Glunk, Serie Piper 2891)
Dostojewskijs Schuld und Sühne (von Fritz R. Glunk, Serie Piper 3135)
Ovids Metamorphosen (von Gerhard Fink, Serie Piper 3136)
Thomas Manns Zauberberg (von Dirk Heißerer, Serie Piper 3141)
Die vier edlen Wahrheiten des Buddha (von Frank Zechner, Serie Piper 3142)

Originalausgabe
1. Auflage Oktober 1999
2. Auflage August 2000
© 1999 Piper Verlag GmbH, München
Umschlag: Büro Hamburg
Stefanie Oberbeck, Katrin Hoffmann
Umschlagabbildung: CSA Archive/photonica
Redaktion und Satz: Lektyre Verlagsbüro
Olaf Benzinger, Germering
Druck und Bindung: Clausen & Bosse, Leck
Printed in Germany   ISBN 3-492-22886-0

Inhalt

Auf den Spuren eines Mythos

Unter Goethe-Kennern erinnert man sich bisweilen an Brechts Wort von der Einschüchterung, die der FAUST durch seine »Klassizität« verbreitet. Dies gilt nicht nur der schreibenden Zunft. Auch der Belesene, der sich sonst gerne zu Wort meldet, übt sich bei diesem Thema in ungewohnter Zurückhaltung. Zuweilen sitzen wir in einer Abendgesellschaft und plaudern. Da fallen die Worte »Goethe« und »Faust«. Und schon gerät des Gespräch aus voller Fahrt ins Stocken. FAUST ist eine Herausforderung an den gebildeten oder sich gebildet dünkenden Geist. Bedeutsamkeit schwingt mit beim Klang dieses Namens und strahlt auf den, der sich dazu zu äußern weiß. Was dem einen der Stern auf der Kühlerhaube, ist dem anderen seine Fähigkeit, hier kenntnisreich zu parlieren. Der Stern deutet finanzielle Potenz an, die Kenntnis des FAUST solche des Intellekts.

Jetzt könnte man an dieser Stelle das vorliegende Büchlein anpreisen: Hier ist die schnelle Info für den eiligen Broker. Vielleicht ist sie das auch wirklich, aber eigentlich geht es um etwas anderes. »Da hab ich viel hineingeheimnist«, erklärte Goethe 1828 der jungen Jenny v. Pappenheim. Daraus spricht sicher die Schalkhaftigkeit des Alten, wenn er sich rätselhaft gibt. Aber worüber er so redet, ist auch die Arbeit eines ganzen Lebens, sind seine geistigen Früchte. Faust hat eine Story und eine Philosophie. Und von beidem ziemlich viel für ein Theaterstück, das noch spielbar sein soll. Darin liegt der Reichtum dieses Stückes, dem sich immer wieder neue Aspekte und neue Einsichten abgewinnen lassen, und ihm verdankt es wohl auch seine Langlebigkeit. Aber Goethes FAUST beinhaltet nicht nur diese hochgeistigen Einsichten, sondern er serviert uns auch eine Sammlungn teils eigener, teils aus der Tradition übernommener Geschichten, Erzählmotive und -stoffe, die uns immer noch fesseln, auch wenn sie uns in gewisser Weise trivial vorkommen. Die Figur des Faust und die Geschichte, die Goethe erzählt, faszinieren bis heute, ob wir uns davon nun angetan oder abgestoßen fühlen oder beides zugleich.

Historische Vorbilder

Eine Frage vorweg: Gab es von Goethes Seite ein Interesse am historischen Faust? Nichts lag ihm ferner, als sich in Archiven und Bibliotheken nach der historischen Figur umzusehen. Gleichwohl ist der historische Faust das Kind einer Zeit, die dem Goethe-Text einen Großteil des Fundaments verleiht, auf dem sich alles Wesentliche zuträgt. Aus Fausts Zeit (um 1500) kennen wir heute vor allem die wegweisenden Figuren, wie Luther, Erasmus, Hutten und andere. Sie waren Sucher in einer von Fragen übervollen Periode. Da nimmt es nicht Wunder, wenn sich auch allerlei Schwindler und Scharlatane einfanden. Neben einer religiösen, philosophischen, überhaupt intellektuellen Suche gab es noch die ganz profane Suche nach Geld.

Wie der Papst, der Kaiser oder der französische König lebten viele deutsche Kleinfürsten, Grafen oder Kirchenherren über ihre Verhältnisse. Die Sucht nach Geld und Gold machte blind und wundergläubig, so hatten kleine und auch größere Glücksritter Hochsaison. Es gab da ganz armselige Zauberer, die von Dorf zu Dorf wanderten und mit präparierten Münzen den Leuten das bißchen Geld aus der Tasche zogen; und es gab hochpopuläre, sich redlich mühende Universalisten, die ihre Auftraggeber und Mäzene in bestem Irrglauben hinters Licht führten. Faust, der historische, liegt vermutlich dazwischen. Er ist nie wie sein Goethe-Geschöpf ins Zentrum der Macht gerückt, aber ein namenloser Budenzauberer war er auch nicht. Sonst hätten ihn die Herren von Staufen im Breisgau, deren Silberminen versiegt waren, nicht als Goldmacher engagiert. In seinem Labor kam er wahrscheinlich durch eine Explosion 1540 ums Leben. Dieses Ende, vielleicht als laut krachendes auch absichtlich herbeigeführt, machte den ohnehin Bekannten zur Mythenfigur. Man habe seinen Leichnam völlig zertrümmert mit auf den Rücken gekehrtem Antlitz gefunden, der Teufel habe ihn nämlich gepackt und umhergeschleudert, das Labor sei mit Blutspritzern übersät gewesen.

In einem Brief vom 20. August 1507 an den Heidelberger Johann Virdung empört sich ein gewisser Johannes Trithemius, vormals Sponheimer dann Würzburger Abt, über die selbstverliehenen Titel, die sich der »Herumtreiber, Schwätzer und Ketzerstrolch« Faust zugelegt habe: »Quell der Nekromanten [Totenbeschwörer], Astrolog, Zweiter Magier, Chiromant [Handleser], Agromant [Erdbodendeuter], Pyromant [Feuerdeuter] und Zweiter in der Wasserkunst«. Faust prahle nicht nur, alle Bände Platons und des Aristoteles mitsamt ihrer Philosophie auswendig zu kennen, er prahle auch, die Wunder Christi nachmachen zu können. In Kreuznach habe er sich als »vollkommensten aller Alchymisten« bezeichnet. Ein übler Bursche. Franz von Sickingen (der Götz-Gefährte) habe ihm eine Schulmeisterstelle verschafft, die er wegen »frevelhaftester Unzucht mit den Knaben« habe aufgeben müssen. Interessanterweise schließt der Brief mit den Worten: »Das ist es, was ich aus sicherster Quelle über jenen Mann weiß, dessen Ankunft du mit so viel Verlangen erwartest.« Virdung, der Hofastrologe und Mathematiker des Heidelberger Kurfürsten Pfalzgraf Philipp, hat also eine andere, eine positivere Haltung.

Wie oder wer der historische Faust im Detail war, ist wohl nie herauszukriegen, dafür fehlen uns die entsprechenden Daten. Was wir sonst noch von ihm wissen, legt nahe, daß er eher ein unglücklicher Glücksritter gewesen ist, denn ein erfolgreicher Hexenmeister. Als er sich im Juni 1528 in Ingolstadt aufhält, wird er ausgewiesen, er solle sein Geld anderswo verzehren, heißt es im Ratsprotokoll. Und sechs Jahre später wird er aus Nürnberg hinausgeworfen. Der Ratserlaß bezeichnet ihn als den »grossen Sodomiten und Nigromantico«. Damals bezeichnete die Sodomie neben der Unzucht mit Tieren die Onanie, Homosexualität und vielleicht auch heterosexuelle Promiskuität. Melanchton berichtet, Faust sei etliche Male schier umgekommen, »wegen seiner grossen Hurerey«. Prominent war Faust also ohne Zweifel.

Zwischen 1478 und 1480 im württembergischen Knittlingen geboren, hat (Johann) Georg Faust vor allem Süddeutschland durchwandert. Verbürgt sind die Aufenthaltsorte Würzburg, Kreuznach, Gelnhausen in den Jahren 1506/07, Erfurt 1513, Bamberg 1520, Rebdorf bei Eichstätt und Ingolstadt 1528, Fürth 1532, Augsburg und Nürnberg 1534 und Würzburg 1536.

War er ein Scharlatan oder ein Sucher? Die Frage ist vermutlich insofern falsch, als die Zeit des historischen Faust diesen Unterschied nicht oder kaum kannte. Oft galten seriöse Leute wie Luther (der Faust in seinen Tischreden erwähnte) als Teufelsbündner, dagegen viele Quasiwissenschaftler als akkreditierte Mitglieder eines fürstlichen oder

königlichen Hofes. Man trennte damals Wissenschaft und
Magie nicht voneinander, glaubte sie sogar zusammen-
gehörig. Luther, ein Moderner, glaubte selbst an die von
Zauberei durchsetzte »Alchimie«. Zudem muß man sich
diesen Beruf des Alchimisten als Mischform vorstellen, viele der Hokuspokus-Laboranten waren auf anderen Gebie-
ten seriöse Wissenschaftler.

Es ist ein verworrenes, wohl faustisches Zeitalter. Jeder
Intellektuelle debattierte, Kommendes ahnend, eigentlich
über alles. Der Universalgelehrte war das Aushängeschild
dieser Epoche aus Renaissance, Humanismus und Reformation. Er beherrschte die alten und die wichtigen neuen
Sprachen und mehrere Wissenschaftsdisziplinen, er kannte
sich in der Bibel wie in der antiken Kultur, in der Magie, der
Kabbala und den Naturwissenschaften aus. Die Geschichte
spricht vom Beginn der Neuzeit. Kolumbus entdeckt
Amerika, Luther entdeckt das Wort der Bibel und damit ein
neues Bekenntnis zu Gott, Kopernikus entdeckt die Sonne
als Mitte unseres Planetensystems. Sie gehören ebenso in
diese Zeit, für die nicht nur ihre Entdeckungen typisch waren, sondern noch mehr die immerwährende Suche, gleich
ob die nun physisch oder metaphysisch vor sich ging.

Heinrich Cornelius Agrippa von Nettesheim – der echtere Faust

Im vierten Buch von DICHTUNG UND WAHRHEIT erzählt
Goethe von seiner Bekanntschaft mit dem Frankfurter
Hofrat Hüsgen, einem schrulligen einäugigen Juristen, der
sich nur »bedeutender Rechtsfälle annahm«, wohl solcher,
die entsprechend honoriert wurden. Dem Alten blieb dem-
gemäß Zeit für private Gelehrtenstudien. Dem jungen

Goethe gab er Hebräischunterricht. Und von ihm heißt es: »Eines seiner Lieblingsbücher war Agrippas DE VANITATE SCIENTIARUM [Von der Eitelkeit der Wissenschaften], das er mir besonders empfahl, und mein junges Gehirn dadurch eine Zeitlang in ziemliche Verwirrung setzte.« Während der historische Johann Georg Faust eigentlich ja im engen, wenig weltoffenen Milieu verhaftet blieb, kommt Agrippa (Vorname Heinrich!) dem kosmopolitischen Wirken von Goethes Faust bedeutend näher.

Agrippa von Nettesheim (geboren 1486 bei Köln, gestorben 1535 in Grenoble) wurde mit sechzehn schon zur Licentiatenprüfung zugelassen, sprach also schon früh lateinisch, lernte früh die Astrologie kennen, vertiefte sich in die magische und theologische Literatur, studierte hermetische (das heißt magische) Bücher und die hebräische Kabbala. Er studierte desgleichen römisches Recht und Medizin, Mechanik, Optik swoie Geometrie; überhaupt interessierte er sich für alle Wissensgebiete.

Um 1507 versuchte sich der Student in Paris zusammen mit Gleichgesinnten bei der Herstellung von Gold, dann zog er nach Spanien, um hier seinen in Not geratenen ehemaligen Studienkollegen zu helfen, deren Burg von wütenden Bauern belagert wurde. Daß er dieses Abenteuer überlebte, verdankte er nur einem Trick. Er hatte einem der Belagerten Pestmale ins Gesicht geschminkt. Die Bauern suchten entsetzt das Weite. 1509 hält der gerade 23jährige in Lyon Vorlesungen zu Reuchlins DE VERBO MIRIFICO (Vom wundertätigen Wort). Wieder in Köln, zirka 1510, hatte er Kontakt zu dem oben erwähnten Faust-Gegner Johannes Trithemius, der ihn zur Abfassung seines ersten großen Werkes drängte, DE OCCULTA PHILOSOPHIA – Über die okkulte (also verborgene) Philosophie. Danach finden wir ihn für Kaiser Maximilian I. in geheimer politischer Mission im

England Heinrichs VIII. Hier lernte er den Erziehungsre-
former und Humanisten John Colet kennen, einen Freund
von Thomas Morus und Erasmus von Rotterdam.

1511 war er für sieben Jahre in Italien und stand unter
anderem erneut im Dienste Maximilians I. Damals tobte
der Krieg zwischen Papst Julius II., dem despotischen,
gleichwohl geschätzten Arbeitgeber Michelangelos und
Raffaels, und seinen Gegnern, Frankreich und die norditali-
enischen Stadtstaaten. Nach eigenen Angaben soll Agrippa
hier als Offizier im Dienste Maximilians gegen die Franzosen, also auf päpstlicher Seite, operiert haben. In Pisa hielt
er 1515 Vorlesungen zur Kabbalistik und zum Erzzauberer
Hermes Trismegistos. Nach Kurzstationen in Frankreich
und in seiner Heimatstadt Köln nimmt er in Metz die gut-
dotierte Stelle eines Stadtanwaltes und Festredners an.

Er gewinnt einen aufsehenerregenden Hexenprozess
gegen die Inquisition, doch schafft ihm der erreichte Frei-
spruch der vermeintlichen Hexe zahlreiche Gegner. Immer
mehr häufen sich die Verdächtigungen, daß er ein Schwarz-
und Teufelskünstler sei. 1520 verläßt er überstürzt die Stadt
– im Jahr, da Luther vor dem Elstertor in Wittenberg die
päpstliche Bulle verbrennt und damit den Bruch mit Rom
unumkehrbar macht. Für Agrippa folgt eine rastlose Wan-
derperiode. Seinem Verleger werden wegen Verbreitung
ketzerischer Schriften die Ohren abgeschnitten, auch er
muß Metz verlassen. 1526 schließt Agrippa das in DICH-
TUNG UND WAHRHEIT erwähnte Werk ab: DE INCERTITUDI-
NE ET VANITATE SCIENTIARUM ... (Über die Unsicherheit und
Eitelkeit der Wissenschaften). Als Leibarzt der Königin-
Mutter von Frankreich, Louise von Savoyen, erlebt er eine
unsichere, glücklose Zeit in Lyon. Vergeblich wartet er auf
Lohn, schließlich wird er mit einer lächerlichen Abfindung
abgespeist,

Nettesheim reist ab. Er kommt nun kaum mehr zur Ruhe: 1528 Arzt in Antwerpen, 1529 Tod der geliebten, wesentlich jüngeren Gattin, 1530 im Schuldturm zu Brüssel, 1531 verbrennt die Sorbonne seine Pariser Edition DE VANITATE als lutherische Ketzerei, die Zahl seiner Feinde wächst, viele Wohlmeinende sehen das als Folge seines provokanten Schreib- und Redestils. 1532 ist er wieder zu Hause in Köln, wo ihn der Erzbischof Hermann von Wied großzügig aufnimmt und ihm auch finanziell hilft. 1534 zieht es Agrippa nach Lyon zurück, einer Hochburg humanistischer Kultur. Beim Grenzübergang wird er verhaftet und stirbt – keine fünfzig Jahre alt – an den Folgen der Haft wie seines aufreibenden Lebenswandels 1535 in Grenoble. Bald ranken sich erste Legenden um Agrippa, vor allem weil er einen schwarzen Hund zum Begleiter hatte.

Wie verhaßt Agrippa bei den orthodoxen Katholiken war, zeigt ein diffamierender Grabstein, dessen Inschrift ihn als schwarzen Magier und Teufelspaktierer brandmarkt. Eine Legende erzählt, seine letzten Worte hätten dem Vierbeiner gegolten. »Verschwinde du verruchtes Tier! Durch dich kam alles Unglück über mich.« Aufschlußreich schreibt das KINDLER LITERATURLEXIKON: »Nach einem ruhelosen Leben, in dem er sich nacheinander dem Katholizismus, der Kabbala, dem Averroismus [philosophische Strömung nach dem islamischen Gelehrten Averroés], der Mystik, der Magie, dem Humanismus und der Lutherischen Reformation zugewandt hatte, war Agrippa zum grundsätzlichen Zweifler an der Möglichkeit geworden, durch die Wissenschaft zur Erkenntnis der Wahrheit zu gelangen.« Sein BEKENNTNISBUCH hat er aus großer Not niedergeschrieben, als er wieder einmal gescheitert war. Er ist ein real existierender Habe-nun-ach-Gescheiterter.

Faust-Literatur vor Goethe

Knapp fünfzig Jahre nach Fausts Tod erscheint 1587 vom Lutherverleger Johann Spies das erste Faust-Buch, das sich überaus gut verkauft und zum berühmten Volksbuch wird. Im Stil seiner Zeit hat es einen seitenlangen Titel, dessen Anfang so lautet: HISTORIA VON D. JOHANN FAUSTEN, DEM WEITBESCHREYTEN ZAUBERER UNND SCHWARTZKÜNSTLER/ WIE ER SICH GEGEN DEN TEUFFEL AUFF EINE BENANDTE ZEIT VERSCHRIEBEN/ WAS ER HIERZWISCHEN FÜR SELTSAME ABEN-THEUWER GESEHEN ... Man knüpft an Bekanntes, offenbar oft Erzähltes an, zumindest verstehen wir das Wort »weit-beschreyten« so. Zusammengetragen sei die »Historia« größtenteils aus Fausts eigenen Schriften, sagt der Verleger. Das ist vermutlich erfunden, denn man kennt heute bis auf einen Sator-Arepo-Zettel nichts, was auch nur entfernt von dem originalen Faust geschrieben sein könnte. Der fromme Spies wollte nicht nur verkaufen, er wollte auch unterwei-sen. So setzt er ans Ende seines Titelblattes die Ermahnung, gottuntertänig und teufelwiderstehend zu sein, dann fliehe auch der Böse.

Blättert man in dieser »Historia«, fallen zwei Dinge auf: die drohende Ermahnung zur christlichen Lebensweise, viel mehr aber noch die derb-schwankhafte Erzählform. Natür-lich geht es um die Anrufung des Teufels und den anfolgen-den Pakt, der auf 24 Jahre beschränkt ist. Unser Doktor hat viel studiert, Theologie, Medizin (die bereits als erster Abkehrschritt verstanden wird), Astrologie und Mathe-matik. Schon hier die Neigung des Hinterfragens. Gerade die ersten Kapitel widmen sich den Gesprächen mit dem Teufel. Faust interessiert die Beschaffenheit der Hölle, etwa »das Regiment der Teuffel«, zudem wie die Hölle »erschaf-fen und gestalt seye, auch von der Pein darinnen«, Faust lernt alle »hellischen Geister« kennen, fährt selbst ins Höllenreich, wo er allerlei ehemals mächtiges Volk trifft, dann fährt er »in das Gestirn hinauff« wo er dies und das vom Kometen bis zum Donner erfährt. Im letzten (dritten) Teil kommt er an der »Potentaten Höfe«, zaubert viel, gesellt sich zwischenzeitlich zu den Bauern, wo er unter anderem ein Fuder Heu mitsamt dem Bauern frißt. Es verschlägt ihn in den Weinkeller des Salzburger Bischofs. Seinen Studenten zeigt er die blonde Helena »in einem köstlichen schwartzen Purpurkleid«, er heiratet sie.

Dann folgt Fausts ganz großer Fehler: Er verschreibt sich dem Teufel ein zweites Mal, damit ist er unrettbar verloren. In seinem 24. Paktjahr setzt er seinen Diener Wagner zum Erben ein und klagt laut über das herannahende Ende. Sein Tod ist greulich und schrecklich, auf daß jeder Leser wisse, daß man mit dem ewigen Widersacher ja nie und niemals einen Handel abschließe. Erschüttert von der frühbarocken Drastik kommen wir kaum zu einer Überlegung, vielleicht nur einmal zu dieser: Daß Faust im Gedächtnis der Menschen blieb, liegt weniger an seinen Zaubereien als an seiner Person. Faust war der neue Mensch, der vor allem geprägt war durch seinen Ausbruchswillen.

Zwölf Jahre nach der »Historia« erscheint ein weniger erfolgreiches Faustbuch. Es ist ein von Georg Rudolf Widman kommentierter Text DER WARHAFFTIGEN HISTORIEN ... FAUSTS. Das Buch ist dreimal so dick wie das Original, zählt 671 Seiten und verkauft sich mäßig. Vermutlich liegt das an den vielen Belehrungs- und Bekehrungstexten. Widman begegnet dem Faust indes schon versöhnlicher, er steht auf dem Fundament der reformatorischen Rechtfertigungslehre: Luthers Mensch steht von vornherein zumindest teilweise in der göttlichen Gnade,

Voraussetzung ist seine Bereitschaft zu Buße und Umkehr. 1674 erscheint Das ärgerliche Leben ... des Ertz-Schwartzkünstlers D. Johannis Fausti ... des Johannes Nicolaus Pfitzer, eines Arztes aus Nürnberg. Es ist vor allem deshalb erwähnenswert, weil man von diesem Volks-

Perlicke-Perlacke – der Puppenfaust

Weihnachten 1753, also mit vier Jahren, erhielt Goethe von der Großmutter ein Marionettentheater geschenkt. Den Faust lernte er um 1770 in Frankfurt vermutlich durch eine Aufführung des Straßburger Marionettentheaters, vielleicht auch bei dem damals bekannten Puppenspieler Robertus Schaeffer kennen. Wie der sieben Jahre ältere Lichtenberg erzählt, habe man zur Frankfurter Messe den Marionetten-Faust sechsmal pro Woche gegeben. Die »bedeutende Puppenspielfabel klang und summte gar vieltönig in mir wider« erzählt Goethe in Dichtung und Wahrheit. Es handelte sich um eine abgewandelte Spiel-Fassung des Faust von Christopher Marlowe.

Was Goethe damals gesehen hat, können wir heute nicht mehr rekonstruieren. Wichtige Schauplätze des Puppenspiels waren auf jeden Fall Luthers Wittenberg, Plutos Höllenreich, der Königshof in Prag, Helenas Griechenland, der Fürstenhof in Parma, das Königreich Portugal. Allerlei Geister aus Bibel und Mythologie traten auf. Die wesentliche Abweichung von der Urfabel aber stellte die Figur des Kasperle alias Hans-Wurst dar. Mit ihm trat eine andere, eine kleinbürgerlich-artige Figur zwischen Faust und Mephisto. Sie bestimmte in weiten und wesentlichen Teilen den Verlauf der Handlung. So verlor der Mythos seine zentrale Thematik, denn es fehlte der Dualismus von Faust und Mephisto, die religiöse Problematik und schließlich der zivilisatorische Aspekt des Strebens nach Erkenntnis. Eben ein Kinderspektakel.

buch weiß, daß Goethe es aus der Bibliothek zu Weimar entliehen hat.

Das FAUSTBUCH EINES ANONYMEN CHRISTLICH-MEY-NENDEN sei als nächstes erwähnt. Es verkaufte etwa dreißig Auflagen, das Büchlein komprimiert die Spies-Historia auf 46 Seiten (dünne Bücher verkauften sich schon damals besser als dicke). Bemerkenswert das Portrait des »berühmten Schwartz-Künstlers« der zweiten Auflage von 1726 (Erstdruck 1725): ein nachdenklicher, vom Leben gezeichneter Fünfzigjähriger, dem die Haare ausgehen, den Blick ins Leere gewendet, ein vormals vitaler Kerl, dem sich kaum ein Rätsel gelöst zu haben scheint.

Schließlich noch Christopher Marlowes (1564 – 1593) tragische HISTORIE VON DOKTOR FAUSTUS, sie lehnt sich an das aus dem Deutschen ins Englische übertragene Volksbuch an. Der Faust-Stoff muß es dem Shakespeare-Zeitgenossen angetan haben, war dieser doch abonniert auf leidenschaftlich-pathetische Tragödien, auf hochgespannte Schicksale, übermenschliche Charaktere und eine bildstark-dynamische Sprache. Sein Faust geht den Weg vom grenzenlosen Machtstreben zur unumkehrbaren Ankunft in der Hölle. Goethe lernte das Stück erst spät, das heißt nach der Niederschrift seines FAUST I kennen und ist nicht sonderlich gepackt. Denn der Marlowe-Faust will dem Nekromanten Agrippa von Nettesheim »gleich sein, den, weil er die Schatten der Toten rief, einst ganz Europa ehrte«. Faust ist bei Marlowe also ein Totenbeschwörer und überdies ein Glücksritter. Das ist nicht nach Goethes Geschmack, er will keine Gespenster- und keine Abenteurergeschichte.

Und dann ist Marlowes Mephisto eher ein armer Teufel, der unter seiner Gottesferne leidet und nur in der Verführung angehender Leidensgenossen Erleichterung findet –

also irgendwie unteuflisch, dieser Mephisto. Bei aller böser Absicht bleibt er artig und servil wie ein Bauernknecht. »Ich bitt Euch, laßt ihn den Gaul dafür haben [für 40 Taler]: er ist eine ehrliche Haut und hat seine großen Sorgen, da er weder Weib noch Kind hat.« Spricht so ein Teufel? Gemeint ist ein Roßtäuscher, der mittels eines Bündels Heu von Faust getäuscht wird. Goethes Mephisto wäre das weit unter Niveau gewesen. Überhaupt ist bei Goethe das Teamwork der beiden Reisegefährten ein tragendes Konstrukt, bei Marlowe hingegen ist Faust eigentlich ein vom Autor hochgeschätzter Alleinherrscher. Daß Marlowe im Prolog und Epilog kräftig auf die Moralpauke haut, legt man als Zugeständnis an die Norm aus. Der Freund Sir Walter Raleighs soll nebst liederlichem – faustischem? – Lebenswandel (er stirbt 29jährig bei einer Wirtshausrauferei) bekennender Atheist gewesen sein.

Lebenslänglich – die Entstehungsgeschichte

Es scheint nicht nur einen Pakt zwischen Faust und Mephisto gegeben zu haben, sondern auch einen zwischen Faust und Goethe. Ein ganzes Leben lang hatten die beiden eine wechselvolle Affäre. Und es gab, wenn wir so wollen, das Blut dazu. Ende 1830, zwei Jahre vor seinem Tod, hat der 81jährige Autor einen schweren Schwächeanfall. Der Arzt läßt den Alten zur Ader, zwei Liter Blut werden abgenommen. Der Patient überlebt. Sechs Tage später notiert er lakonisch: »Nachts an Faust gedacht und einiges gefördert.« Zwei Monate darauf, im Februar 1831: »Das Hauptwerk mutig und glücklich angegriffen.« 10. Juli 1831: »Das Hauptgeschäft ununterbrochen fortgesetzt.« 22. Juli: »Das Hauptgeschäft zu Stande gebracht.«

Genau acht Monate danach ist Goethe tot. Hinzuzufügen ist, daß Goethe in diesen letzten Jahren ja nicht nur am FAUST laborierte, sondern noch die WANDERJAHRE schrieb, einen Großteil seiner Zeit der Zeitschrift KUNST UND ALTERTUM schenkte und den vierten Teil von DICHTUNG UND WAHRHEIT abschloß. Seine wenn auch diktierte Korrespondenz, das Interesse an Wissenschaft und allerlei Kunst und Kultur benötigen das ihrige an Zeit und Energie. Persönliche Katastrophen durften nicht ausbleiben. Carl August, »sein« Herzog stirbt und dann Goethes einziger Sohn August. Die Julirevolution von 1830 reißt ihm ideologisch den Boden unter den Füßen weg. Eckermann gegenüber klagt er, wie produktiv er früher gewesen sei, daß er pro Tag zirka fünfzehn Papierbögen habe vollschreiben können, jetzt, auf die alten Tage komme bald keine halbe Seite zustande und auch die von schlechter Qualität.

Siebzig Jahre trug Goethe den FAUST, diesen Mythos, im geistigen Tornister. Wo findet man so etwas noch in der Literatur? Als Kind lernt er, wie wir gesehen haben, das Faust-Puppenspiel kennen, in Leipzig besucht der etwa siebzehnjährige Szenegänger die Studentenkneipe »Auerbachs Keller«, hier sieht er die beiden Bilder: Faustus bei seinem Pudel mit den Studenten zechend und wie er auf einem Faß reitend zum Staunen der Umstehenden das Etablissement verläßt. Vermutlich schreibt der junge Goethe noch nichts zum FAUST, höchstens einige universitätssatirische Verse, die er später der Studentenszene beisetzt. Das Geplapper der Studenten wird er jedenfalls nicht vergessen und sie im FAUST festhalten. Zurück in Frankfurt erlebt der frischgebackene Jurist die Hinrichtung der Kindsmörderin Susanna Margaretha Brandt, und zwar hautnah.

Wenige Monate später hat er seine erste Faust-Schrift verfaßt, und Boie, Herausgeber des Göttinger Musenalmanachs, schreibt Oktober 1774 in sein Tagebuch »Sein Dr. Faust ist fast fertig.« Gemeint ist der sogenannte URFAUST (heute auch »Frühe Fassung«). Der läßt sich trefflich vorlesen, und alle sind begeistert; das Fräulein von Göchhausen vom Weimarer Fürstenhof so sehr, daß sie diese erste Version abschreibt. Hundert Jahre später, 1887, wird dies Manuskript im Nachlaß der buckeligen Hofdame gefunden. Als balladeskes Stationenstück erklingt hier kraftvolle Sturm-und-Drang-Poesie teils in Versen, teils in Prosa. Die enthaltenen Szenen (Gelehrtentragödie, Schülerszene, Auerbachs Keller und wesentliche Teile der Gretchentragödie) sind lose aneinandergefügt. Der Osterspaziergang, die Begegnung mit Mephisto, die Paktszene und die Hexenküche fehlen noch. Elf Jahre lang rackert Goethe als höchster Staatsbeamter in Weimar, dann sucht er das Weite. Und in Italien findet er wieder die Muße zum Schreiben, unter anderem auch für den FAUST. Da ist er fast vierzig. Und hat immer noch Respekt vor dem großen Stoff. Seinem Chef, dem Herzog, schreibt er: »An FAUST gehe ich ganz zuletzt.« (8.12.1787) Er fertigt einen Plan an und schreibt vermutlich die Paktszene und die Hexenszene. Er wird nicht fertig, aber er schließt ihn ab. Sein Verleger Göschen veröffentlicht FAUST. EIN FRAGMENT – insgesamt 2135 Verse.

Dann tritt Schiller in Goethes Leben. Aus der Korrespondenz der beiden wird ersichtlich, wie sehr Schiller auf die Fertigstellung des Stückes drängte und wie schwer es Goethe fiel, die Arbeit erneut aufzunehmen. Wenn sich Goethe an die Arbeit macht, dann durch Schillers Teilnahme. Und ein Glücksfall kommt dazu. Eigentlich wollte der Autor 1797 nach Italien, doch Johann Heinrich Meyer, sein häufiger Reisegefährte, liegt krank in Florenz. Goethe an Schiller (24. 6. 1797): »... bereite mir einen Rückzug in diese Symbol-, Ideen- und Nebelwelt mit Lust und Liebe vor.« Mit Lust und Liebe? Ja. Goethe war eigentlich ein Reisemuffel. Er schreibt also am FAUST, und Schiller liest und liest. Und kommentiert. Schiller schwindelt vor der Auflösung der Geschichte, denn der Stoff ist überreich, eine »hochaufquellende Masse«, die bislang noch keine Klammer, kein »poetischer Reif« zusammenhält.

Und: Wie soll man diesen offensichtlichen Gegensatz von Spaß und Ernst zu einer Einheit formen, vor allem in Hinblick darauf, daß eines ohne das andere nicht kann? Der witzige Mephisto behält mit seinem Realismus recht und Faust mit seinem Empfinden und Sehnen. »Zuweilen aber scheinen sie ihre Rollen zu tauschen.« Schiller schraubt seine Erwartungen hoch, er will pralles Geschehen und tiefe Philosophie. Goethe wirft nicht das Handtuch. Er ist zehn Jahre älter als Schiller. Wäre er gleich alt, würde er nicht antworten, daß er es sich bei dieser – wie er sagt – »barbarischen Komposition« bequem machen werde. Angesichts von Schillers Erwartung das Beste, was er antworten konnte. Er fertigt ein ausführliches Inhaltsschema an, numeriert die einzelnen Handlungsepisoden, läßt das Vorhandene in Einzelblättern abschreiben und setzt die passenden Nummern des Schemas dazu. Jetzt weiß er, was er hat und was noch fehlt. Das impulsive Niederschreiben eines Textbausteines – aus diesem Stadium ist der fünfzigjährige Profi heraus.

Doch Goethe läßt sich Zeit. Sein langnasiger Kollege sieht das. Er schreibt Cotta: »Ich fürchte, Göthe läßt seinen Faust ganz liegen.« Was hier abhelfen könnte, wäre Geld, mit dem der Verleger den Säumigen ködern solle. Und Cotta bietet sage und schreibe 4000 Gulden. Zum Vergleich: Ein mittelgutes Einkommen lag bei 400 Gulden im Jahr. Sein Schwager Vulpius schrieb RINALDO RINALDINI, einen Topseller, und verdiente nichts. Das Urheberrecht trug damals noch Kinderschuhe. Doch Goethe reagiert nicht. Erst im April 1806 erscheint FAUST. DER TRAGÖDIE ERSTER TEIL. 4612 Verse und einige Prosazeilen. Zueignung, Vorspiel und Prolog im Himmel sind bereits dabei. Schiller aber ist seit einem Jahr tot. Verständlich, wenn Goethe zu dessen Tod sagt, er habe sich selbst verloren. Er vereinsamt. Erst 1823 findet sich in Eckermann so etwas wie ein Nachfolger Schillers. Goethe wollte in seine Autobiographie ein Handlungsschema des zweiten FAUST-Teils aufnehmen. Einiges, vor allem zum Helena-Akt, war unter Schillers Supervision verfaßt worden. Nun aber glaubte er nicht mehr an eine Fertigstellung. Wir müssen uns vor Augen halten, daß Goethe seit dem Beginn von DICHTUNG UND WAHRHEIT (1808) mit seinem Tod rechnete. Eckermann wurde engagiert, um das Schrifterbe des Autors zu ordnen und zu verwalten. Doch Goethe unterläßt es, den Inhaltsabriß in DICHTUNG UND WAHRHEIT aufzunehmen. Eckermann beglückwünscht ihn und drängt jetzt ähnlich wie Schiller zur Abfassung des zweiten Teils.

Das ist nicht leicht. Goethe ist – wenn auch vital – nun alt, und steckt in einem üppigen Geflecht aus allerlei Neigungen und Verpflichtungen, die ihn vom Eigentlichen abhalten; aber Anfang 1825 wendet er sich den vor einem Vierteljahrhundert flüchtig verfaßten Bruchstücken zu und schreibt den dritten, den Helena-Akt unter dem Titel einer klassisch-romantischen Phantasmagorie. Der Gegensatz zwischen klassisch und romantisch ist nun weniger entscheidend, der Widerspruch zwischen dem nordischen Faust und der südlichen Helena nicht mehr, wie zu Schillers Zeiten, ein Handicap. Nun folgen die Szenen am Kaiserhof aus dem ersten Akt. Eckermann drängt, es ist, als wüßte er, daß die Zeit abläuft. Als Skizze liegt die Klassische Walpurgisnacht vor, jetzt soll sie ausgearbeitet werden. »In einem

Vierteljahre«, sagt Goethe zu Eckermann, »wäre es getan« doch »der Tag macht gar zu viele Ansprüche«.

Die gute Resonanz der veröffentlichten Helena ermutigt Goethe. Er schreibt große Teile des ersten Aktes, doch ohne den Gang zu den Müttern und die Paris/Helena-Beschwörung. Er beißt die Zähne zusammen, er möchte »gar zu gern die zwei ersten Akte fertigbringen«, damit der dritte Akt sich nahtlos ins Geschehen einfüge. Er klagt über mangelnde Produktivität. Im Weimarer Hoftheater wird der FAUST I gegeben. Goethe besucht die Aufführung nicht, bleibt allein zu Hause. Er arbeitet am fünften Akt, macht sich an die Abfassung der Klassischen Walpurgisnacht des zweiten Akts, nach gut sieben Monaten ist sie fertig. Dann stirbt der Sohn, Goethe hat den Blutsturz, Eckermann befürchtet das Ende. Viel Arbeit macht die Ausgabe letzter Hand, Testamentssorgen quälen. Fertig aber ist – bis auf wenige Szenen – der fünfte Akt, fast ganz der zweite, seit längerem der erste und ohnehin der dritte. Zwischen Februar und Juli 1831 schließt er die Dichtung ab. Wiederholt betont er in Briefen, er habe das »spezifische Gewicht« der zur Veröffentlichung bestimmten und posthum erscheinenden Ausgabe letzter Hand vermehrt. Jetzt steckt er das Ganze in einen Umschlag und versiegelt ihn.

Nach seinem Tod soll er geöffnet und veröffentlicht werden, was so mühevoll geschaffen wurde. Aber der Umschlag läßt ihn nicht ruhen, er öffnet ihn und korrigiert. »Nachgeholfen« und »umgeschrieben« heißt es im Tagebuch. Er liest der geliebten Schwiegertochter Ottilie vor. Ende Januar hat er ihr den zweiten Teil des FAUST zu Ende vorgelesen. Am 22. März ist Goethe tot. Als Band 41 der Ausgabe letzter Hand erscheint Ostern 1833 FAUST. DER TRAGÖDIE ZWEYTER THEIL IN FÜNF ACTEN. Das Rennen gegen die Zeit hat Goethe für sich entschieden.

Vorspiele

Nachsinnen eines Einsamen – Zueignung

Goethe wußte, was er am FAUST hatte. Früh begonnen und mit dem URFAUST zu einem ersten Abschluß gebracht, holte er das Manuskript immer wieder hervor, um zu korrigieren, streichen, erweitern, ersetzen oder um weiterzuschreiben. Zuletzt nannte er die Arbeit am FAUST das »Hauptgeschäft«. Und je länger er daran arbeitete, desto mehr geriet ihm diese witzige und surreale Bilderfolge zu einer teils ernsten, teils kabarettistischen Kolossalrevue der menschlichen Ruhe- und Obdachlosigkeit.

1797 holte Goethe auf Schillers Drängen hin das Werk hervor und schrieb die Zueignung – Zeilen, die sich, trotz der gehobenen Form, wie flüchtig notiert lesen: vier stimmungsvolle, melancholische Strophen. Alle, die einst um ihn waren, schreibt er, sind nicht mehr, geblieben ist nur die anonyme Zuhörerschaft. Er, der Weltberühmte, ist einsam. Was gegenwärtig um ihn geschieht, ist ihm fremd. Was seine Aufmerksamkeit findet, sind die Erinnerungen vergangener Tage, sie werden zu altvertrauten neuen Wirklichkeiten. Dieses in Cellotönen gehaltene Gedicht ist leises Gedenken an jene, die nicht mehr bei ihm sind. Man stellt sich jetzt einen achtzigjährigen, klagenden Goethe vor, doch er ist erst 48 Jahre, als er die Zueignung verfaßt.

»Ihr naht euch wieder, schwankende Gestalten« – Schreckgespenster aus Dunst und Nebel? Eher unfertige Figuren sind es, die sich im künstlerischen Produktionsprozeß hochdrängen. Des Dichters Gängelband scheint ausgedient zu haben, die Erfundenen führen ein Eigenleben. »Nun gut, so mögt ihr walten.« Aber Goethe gedenkt auch der Menschen seiner eigenen Vergangenheit, die ihn damals begleiteten, als er den schwankenden Gestalten den ersten Atem verlieh. Einige sind tot, etwa die Schwester Cornelia, der Goethe jede noch so kleine Entdeckung mitteilte, oder sie sind »hinweggeschwunden«, wie Lenz, der verrückte Dichterfreund, oder Friederike, die erste große Liebe.

Alles vermischt sich, das Leben ist ein »labyrinthisch irrer Lauf«, Vergangenheit und Gegenwart tauschen ihre Plätze, was er jetzt besitzt, sieht er »im Weiten«, und was verschwand, wird ihm zu »Wirklichkeiten«. So gilt die Widmung – wenn es denn überhaupt eine ist – doppelt: den Entschwundenen und den jetzt Auftauchenden. Nur einer Klientel gilt die Zueignung nicht: den Lesern und Zuschauern. Diejenigen, die bei solcher Gelegenheit normalerweise bedacht werden, werden hier nur eines Seitenblickes gewürdigt, sie sind die »unbekannte Menge«, deren Beifall ihm, dem Dichter, bange macht.

Ankündigung – Vorspiel auf dem Theater

Eigentlich könnte es ein Vorspiel für jedes Theaterstück sein. Tatsächlich ist auch nicht sicher, ob Goethe das Vorspiel nur für den FAUST geschrieben hat. Zum Zeitpunkt der Niederschrift (zirka 1800?) wurde in Weimar das neue, große Theater eröffnet. Möglich also, daß das einleitende Rollengedicht – zur Neueröffnung komponiert – später erst dem FAUST vorangestellt wurde.

Der Vorhang ist noch geschlossen, man harrt der Aufführung. Nun betreten der Theaterdirektor, der Dichter und ein Schauspieler – die Lustige Person – die Bühne. Ob sie dabei schon vor der Zuschauerschaft stehen, ist während des Dreiergesprächs nicht ganz klar. Die Sache ist überhaupt ziemlich unkonkret, denn der Direktor spricht zum Dichter, als müsse der das Stück jetzt schnell noch zu Papier bringen. Zugleich spricht er von der fertiggestellten Inszenierung.

Solche Widersinnigkeit ist hier indes ohne Belang. Es geht um Standpunkte. Der Direktor will in erster Linie die Gunst des Publikums, denn das sorgt für Umsatz. Nichts ist ihm schöner, als wenn die Leute schon nachmittags die Kasse umdrängen wie Hungerleider die Brotausgabe. Die Kunst mag wichtig sein, wichtiger aber ist das Ereignis: Volksfest, Event und Opernball in einem. Dem Dichter mißfällt des Direktors gemeines Gerede. Am liebsten würde er kündigen, denn so, wie der Direktor das sieht, ist sein Stück nur gut, wenn es der Masse schmeckt. Gegen Massengeschmack aber hat er etwas. Eigentlich verachtet er die »bunte Menge«, bei deren Anblick ihm jeder nur halbwegs gute Gedanke entfällt – eine Künstlerzicke, die, nicht mehr ganz jung, den ersten Kreativitätsschub verloren hat und nun dasteht und sich den Kopf zerbrechen muß, um »Großes« zu schreiben.

Die Lustige Person, ein Clown oder Harlekin, hat dafür kein Verständnis. Ungeduldig ruft er, das Dichten müsse man wie ein Liebesabenteuer verstehen, hinein ins »volle Menschenleben«, denn »wo ihr's packt, da ist's interessant«. Dann solle der Harlekin ihm auch gleich die Jugend zurückgeben, ruft der Dichter, mittels der er einst wie aus dem Nichts alles zu schaffen vermochte. Nein, widerspricht der Harlekin, die Jugend brauche man nur im Krieg und nächtens bei den Mädchen. Was man brauche, sei ein »selbstgestecktes Ziel« und dieses solle mit Mut und Grazie und Sinn für das irrende Leben verfolgt werden.

Die Faustgeschichte zeichnet sich bereits ab. Der unzu-
friedene und ziellose Dichter gleicht Faust, der zu Beginn
des Stückes von seiner mächtigen Schaffenskrise spricht.
Die Lustige Person, der Clown, der das direkte Leben vor
sich sieht, entspricht Mephisto. Der Theaterdirektor aber
weist zur Figur des »Herrn«, verantwortlich für den großen
Kreis der Schöpfung: das Theater als Reise durch das Universum, durch Himmel, Erde und Hölle.

Es kann also losgehn. Vorhang auf zum *spectaculum mundi*.

Smalltalk der Giganten – Prolog im Himmel

Goethes FAUST ist dreifach gerahmt. Der Prolog ist nach
der Zueignung und dem Vorspiel auf dem Theater der dritte und innere Rahmen. Der Vorhang hebt sich. Der Zu-
schauer ist geblendet, er sieht nichts als eine Helligkeit, die
Gott, der Herr, ist. Gott ist immateriell. Allmählich erkennen die Augen des Zuschauers einen galaktischen Raum.
Die Sonne verströmt nicht allein Licht, sondern auch
Klänge hin zu anderen Sphären, die ihrerseits schwingend
erklingen. Dieses Klingen und Schwingen pflanzt sich über
alle weiteren göttlichen Sphären bis zur Erde hin fort. Drei
Erzengel, Raphael, Gabriel und Michael, treten auf. Solange
sie sprechen, dominiert kosmische Distanz. Nun aber erscheint Mephistopheles. Er ist – zumindest im FAUST –
nicht Satan; dieser steht höher.

Trotzdem gehört Mephisto zur Aristokratie der Hölle,
sonst hätte er keinen Zutritt zu Gott erhalten. »Er
(Mephisto) soll tadellose städtische Sitten haben, eine glatte
und schlüpfrige Zunge und eine philosophische Weltsicht,
die angeblich leicht von Reue gefärbt ist«, sagt der Fach-
mann Malcolm Godwin in ENGEL. EINE BEDROHTE ART.

Mephisto spricht anders als die Engel. Anfangs versucht er sich noch im Akzent des Himmels, dann aber bricht die schnippische Tonart des Madrigals durch, eines dem Barock entstammenden witzigen Kunst- und Komplimentiergedichts.

»Verzeih, ich kann nicht hohe Worte machen,
Und wenn mich auch der ganze Kreis verhöhnt;
Mein Pathos brächte dich gewiß zum Lachen,
Hättst du dir nicht das Lachen abgewöhnt.« (275 f)

Mephisto tut etwas ganz Großes: Er baut die Distanz zu Gott und auch zur Welt schlagartig ab, er spricht, wenn auch nicht respektlos, Gott als ein menschliches oder menschenähnliches Wesen an. Ihm geht es nicht um Sphärentöne, ihm geht es um den Dialog und um die Menschen, die sich plagen. Das bißchen Verstand, das Gott ihnen geschenkt habe, gebrauchten sie, sagt er, um »tierischer als jedes Tier zu sein«. Immer wieder versuchten sie, über sich hinauszukommen, doch erinnere das an die Hüpferei der Zikade, die, wenn auch hochgesprungen, unten im Gras das alte Lied anstimme.

Und nun erhebt Gott die Stimme. Er wendet sich – die Vermutung liegt nahe – zunächst an die Erzengel, denn sie waren es, die die Lobpreisung Gottes angestimmt hatten. Doch nein, falsch vermutet! Die ersten Worte des Herren sind an Mephisto gerichtet. Und Gottes Worte klingen nicht besonders feierlich. Ob Mephisto sonst nichts zu sagen habe, fragt er. Nein, ist dessen Antwort, die Menschen seien so armselig, daß er keine Lust mehr auf Schikanen habe. Gott fragt Mephisto, ob er den Faust kenne. Ja, sagt dieser. »Mein Knecht!« entgegnet Gott stolz. Ein Knecht ist ihm ein geschätzter Angehöriger des Hauses. Mephisto kontert, den triebe »die Gärung in die Ferne«, und ob

Nähe oder Ferne: Alles sei ihm Suche, und die mache ihn bald verrückt. Gott – ganz Idealist – weiß, sein Knecht werde die gesuchte Erleuchtung finden. Wetten, daß das nicht klappt, meckert Mephisto. Doch der Herr wettet nicht. Faust soll Spielball werden. Ähnlich wie mit Hiob,

Mephistopheles – Angehöriger eines weitverzweigten Syndikats

Die Etymologen wissen nicht so recht, woher sein Name kommt. Auf jeden Fall ist Mephisto ein, aber nicht der Teufel. Das Mittelalter kannte über hundert seiner Amtsbrüder. Die für den »Prolog im Himmel« so wichtige Hiob-Geschichte aus der Bibel sah zunächst keinen Widersacher Gottes vor, der Hiob ins Verderben führen durfte; es war Gott selbst, der wissen wollte, ob Hiob noch das Gütezeichen »sehr gut« verdiente. Die frühen Hebräer schrieben alles, ob gut oder böse, dem einen Gott zu. Erst später erschufen sie das Gegensatzpaar Gott/das Gute und Satan/das Böse, das in der Folge durch das Christentum vertieft wurde. Daß wir Mephistopheles als Pudel in Fausts Gesichtskreis treten sehen, liegt am tradierten Stoff. Die alten Faustbücher kannten ihn bereits in dieser Gestalt. Der Pudel war damals noch kein überfrisierter Rokoko-Kläffer, sondern ein geschätzter, weil intelligenter, vermutlich meist schwarzhaariger Jagdhund. Und das ist ja Fausts Mephisto immer noch.
Übrigens war Goethe Mephistos Aussehen als dunkler kralliger Engel unsympathisch. Bei Betrachtung der Lithographie Mephisto fliegt über die Stadt von Eugène Delacroix sprach Goethe von der »Rohheit des Kolorits«. Es waren Romantiker wie Delacroix, die das grausig Dämonische, das erschreckend Irrationale Mephistos hervorhoben und mit dafür sorgten, daß Fausts Begleiter zum populärsten Bösewicht neben Dracula und Frankenstein aufstieg.

dem Gottesbraven, darf der Teufel mit Faust sein Spiel machen. Der Hiob des Alten Testamentes verlor alles, was das Leben lebenswert macht, seinen Glauben an Gott verlor er nicht. Faust hat seinen Glauben an Gott schon lange verloren. So wird der Teufel anders operieren: Faust soll in den Genuß allerlei übermenschlicher und allzu menschlicher Privilegien kommen.

Mephisto reibt sich die Hände, und Gott findet nichts an dieser Schadenfreude. Mephisto, der Schalk, sei ihm von allen Teufeln der ungefährlichste, räumt er ein. Er habe ihn nie gehaßt, denn das Schalkische, die witzige Zerstörungslust, ist dem Schöpfer ein Aufbaupräparat, das dem Menschen immer mal verabreicht werden solle. Dann zieht sich der Himmel als aktiver Handlungsträger zurück und nur einmal noch wird sich im Verlauf des Dramas die Deckenluke öffnen, als Margarete vom Teufel als »gerichtet« bezeichnet wird. Und erst am Ende des gesamten Spektakels tritt die Supermacht Himmel noch einmal auf, doch ohne die Anwesenheit des Herrn – vielleicht ein Hinweis des Agnostikers Goethe, daß sich der Allmächtige wohl ums Universum nicht aber um das Wurmgezücht auf der Erde kümmert.

Der Tragödie Erster Teil

Faust am Ende
(Nacht. Vor dem Tor. Studierzimmer I)

Faust ist ein großer Gelehrter, alle Wege des Wissens ist er gegangen. Nun sitzt er im Laboratorium, das schon seinem Vater gehört hat, umgeben von Büchern und Geräten, alles von Staub überzogen, und ist wütend, am Ende. Das Labor, ein hochgewölbtes gotisches Zimmer, ist eine Kapelle der Isolation, ein »verfluchtes dumpfes Mauerloch« mit einem Insassen, der vom eigenen Hunger nach Wissen und dem Drang nach Erkenntnis gefangengehalten wird. Nun aber ist es genug. Er bilanziert und kommt zu dem Eingeständnis, daß er – trotz seiner Titel – nichts erreicht hat, eigentlich nichts weiß und daß er seine Studenten nur an der Nase herumgeführt hat. Er ist an einem Punkt, wo noch mehr Wissen ihn nur noch tiefer in diese Ausweglosigkeit treibt. Seine letzten zehn Jahre waren nichts als geistiges Vagabundieren. Immer noch steht die Frage: Was hält die Welt zusammen?

Einmal sagt er's ganz einfach: »Vor mir verschließt sich die Natur.« Es muß eine Urformel für alles Entstandene und Entstehende geben. Nur wo? (Eine Frage, die Goethe selbst kaum weniger interessierte, man denke an seine wissenschaftliche Suche nach der Urpflanze.) Nun will Faust neues Territorium beschreiten. »Drum hab' ich mich der Magie ergeben.« Er greift zum Buch des Nostradamus. Halblaut ruft er: »Ihr Geister neben mir, antwortet mir, wenn ihr mich hört.« Die Angerufenen aber schweigen oder hören nicht. Nun betrachtet er das Zeichen des

Makrokosmos. Faust ist hingerissen. Ein großes Schauspiel! »Aber ach! Ein Schauspiel nur!«

Dann erblickt er das Zeichen des Erdgeistes. Dieser, das fühlt er, steht ihm nahe. Faust spricht wie von selbst, er faselt vom Erdenweh und Erdenglück, von Stürmen, von Seenot ... Er spürt das Nahen des Geistes, murmelt die Formel. Der Erdgeist erscheint, und zwar als Licht. Doch nicht in gleißender, sonnengöttlicher Helle, sondern als durchaus irdische Flamme, zugleich auch menschenähnlich. In dieser Flamme starrt ein Jupiterkopf – zumindest hat der Dichter das so in einer Skizze vorgezeigt. Es scheint, als sträube sich der Erdgeist gegen den Zauber, der ihn herbeirufen sollte, doch Fausts Aussprechen des »Zeichens« ist offenbar mächtiger als des Geistes Wille. Entsprechend ungehalten tritt der Angerufene auf. Faust ist, wenn auch erschrocken, vor allem überwältigt.

Das, was sich ihm bietet, kann er nicht fassen. Die Anwesenheit des Erdgeistes, dieser Antriebsgottheit jeder irdischen Bewegung, Entwicklung und Umwandlung übersteigt Fausts Wahrnehmungsfähigkeit. Faust hat eine harmonische, vielleicht würdevolle Begegnung erwartet. Daß ihm etwas entgegentritt, weit mächtiger als er, hat er nicht vermutet. Man gewinnt den Eindruck, als mache er dem Erdgeist einen Vorwurf über dessen Größe. Faust hat provoziert und beschwert sich über die Heftigkeit des Provozierten. Wir gleichen uns, ruft er, aber das ist lächerlich. »Du gleichst dem Geist, den du begreifst,/ Nicht mir!« donnert der Erdgeist und verschwindet. Faust bricht zusammen.

Zum Glück klopft es an der Tür. Faust rafft sich auf. Sein Assistent Wagner tritt ein. Er habe gehört, daß sich der Meister im Vortrag übe, davon wolle er noch etwas »profitieren«. »Mit Eifer hab' ich mich der Studien beflissen;/ Zwar weiß ich viel, doch möcht' ich alles wissen.« Von Fausts innerer Verfassung merkt er nichts.

Viele Germanisten sagen, Wagner sei ein beschränkter und pedantischer Rationalist, das Gegenstück zu Faust, und eine Karikatur des Wissenschaftlers. Aber ist er nicht die Jugendausgabe des Doktor Faust? Muß man nicht wie Wagner anfangen, um wie Faust zu werden? Auch Wagner wird sich weiterentwickeln, und zumindest vom krähenden Primanerstolz wird nichts mehr übriggeblieben sein. Wagners Auftritt ist ein komisches, der Entspannung dienendes Intermezzo. Der »ärmlichste von allen Erdensöhnen«, so Faust herablassend, hat ihn vorübergehend aus der ärgsten Verzweiflung gerissen.

Aber seltsam: So weit zurückgeworfen Faust sich auch fühlt, er wird nicht zum Eingeständnis der eigenen Schwäche kommen, geschweige zu einer – auch nichtreligiösen – Demut. Wenn er jetzt das Giftfläschchen ins Auge faßt, dann ist das nicht die Folge von Resignation. Fausts Todeslust ist Reiselust. Ein Entgrenzungshunger, ähnlich dem Drogenkonquistador Timothy Leary, nur barbarischer. Denn bei Faust ist der Griff zum Gift eine wilde selbstmörderische Meuterei. Er kann nicht, er will nicht weiter ausharren. Und mit dem Suizid wird er an sein Ziel kommen und obendrein Gott die Stirn bieten, ihn vielleicht sogar zur Rechenschaft ziehen.

Sein Argument: Es sei nun an der Zeit zu beweisen, daß die Würde des Mannes unantastbar sei und er also nicht vor »Götterhöhe« weichen werde. Er setzt das Fläschchen an. Draußen ist Ostersonntag. Glocken erklingen, ein Chor singt.

Er setzt das Fläschchen ab. Die Osterklänge erwecken im Todesbereiten die Erinnerung an seine unbeschwerte Kindheit. Tränen schießen ihm in die Augen. Er ist – Gott sei Dank – auch noch Mensch. Das Leben hat gerufen, »die Erde hat mich wieder!«

Mit Wagner tritt er hinaus vor das Stadttor, draußen ist allerlei Volk, Burschen, Mädchen, Bürgersleute, Menschen, die nichts anderes als das Vorfindbare suchen, hier wird begrüßt, geflirtet (»geliebelt«, wie Goethe es in Privatbriefen nannte), intrigiert und geschimpft. Faust fühlt sich wie ein deutscher Tourist auf Mallorca: »Hier bin ich Mensch, hier darf ich's sein.« Wagner ist stolz, den Herrn Doktor zu begleiten, schließlich sei Faust bei den Leuten als Arzt hoch angesehen. Faust sieht das sympathischerweise anders. Patientenexperimente seien seine und seines Vaters Heilkunst gewesen, eigentlich und genau besehen Mord. Wagner beschwichtigt, so etwas sei nicht Mord, so etwas sei Wissenschaft.

In der Ferne streift ein schwarzer Hund. Wagner bemerkt ihn nicht, sein Blick reicht über den Rand einer Buchseite nicht hinaus. Und als der Pudel in enger werdenden Kreisen näher und näher kommt, meint Faust, allerlei Zauberhaftes an dem Tier zu erkennen. Der Adlatus Wagner winkt ab. Ein Hund sei ein Hund. Dieser hier ein Pudel, des Studenten liebster Schüler.

Fausts großer Ausbruchsversuch ist vorüber. Das ist mit dem Osterspaziergang schon erkennbar. Zurück in seinem Studierzimmer verfällt er dem vormalig »wilden Triebe« nicht mehr, kein Zornesausbruch über die Reduziertheit des Lebens, sondern eine profane Hinwendung zum Dasein. Selbst der zugelaufene Pudel soll es gut haben, Faust gibt ihm sein bestes Kissen. In dem Versöhnten sind die Menschenliebe und gar die Liebe zu Gott erwacht. Und da sich die alte Lust des Hinterfragens wieder regt, versucht sich der Zeitgenosse Luthers an der Übersetzung, vielleicht auch nur an einer Auslegung der »schwersten

Stelle des Evangeliums«, wie Goethe im Gespräch mit Förster 1821 bemerkte. Wie soll er den griechischen Logos-Begriff übertragen (Johannes 1.1)? Logos heißt in etwa logisches Wort, Sinn, Weltvernunft, Gott an sich. Luther schrieb: »Im Anfang war das ›Wort‹.« Das ist Faust unverständlich. Wie kann man das Wort so schätzen? Das muffelt nach Schulweisheit, und die ist dem Professor verhaßt. Es soll »Sinn« heißen. Aber »Sinn« beinhaltet zu wenig existentielle Erfahrung, zu wenig Lebenspraxis. War im Anfang die »Kraft«? Das mag stimmen und wird ebenso schnell verworfen, vermutlich weil das Kraftelement namens Erdgeist Faust zurückgewiesen hat. Mit einem Mal hat er's gefunden. Es war die »Tat«! Das klingt ziemlich banal, doch hat Goethe seinen Faust hier ein Credo des deutschen Idealismus formulieren lassen. So glaubt Hegel, im Anfang sei die absolute Substanz, nicht nur als passives Ausgangsmaterial, sondern als ein in sich tätig lebendiger Grund. Ob das nun zu fortgesetzter Fragelust nach dem Anfang des Lebendigen führt, erinnert ein wenig an die Frage nach Henne oder Ei.

Auch fragen wir nach dem Warum dieser Übersetzungsnöte. Wäre es nach solcherlei Krisen und Pleiten nicht naheliegender, das ganze Gelehrtenverlies, diese Katakombe sinnloser Studiererei, kurz und klein zu schlagen? Daß Faust, der an nichts mehr glaubt, gerade jetzt die Bibel übersetzt, erscheint fadenscheinig, aufgesetzt, zumindest verspätet. Übrigens hat Mephisto seine – die luziferische – Version: Im Anfang war die Dunkelheit, die sich das Licht gebar. Wenn es Goethe hier mehr um einen dramaturgischen Effekt ging, was wir geneigt sind zu glauben, dann sollte man sich über Fausts Auslegung des Logos-Begriffs zwar Gedanken machen, zugleich aber den Handlungsverlauf nicht übersehen. Gehen wir also davon aus, daß die-

ses Wort »Tat« schlicht die Auftrittsfanfare für Mephisto
ist. Er versucht, aus der Haut zu fahren, und zwar aus der
des Pudels. Faust staunt nicht schlecht. Aus dem Hund
wird ein Nilpferd, und dieses schwillt mit borstigen Haaren
auf zum Elefanten. Ausnahmsweise ist der Gelehrte Herr
der Lage. Auch wenn er mit einem weniger mächtigen
Gast rechnet und sich zunächst der wirkungslosen elemen-
tarmagischen Formeln bedient, kommt er nicht aus der
Ruhe. Endlich droht er mit Christus, dem »nie Entsproß-
nen«. Rauch zieht ab. Und verkleidet als fahrender Student
tritt Fausts neuer Begleiter hinter dem Ofen hervor. »Das
also war des Pudels Kern!« spottet Faust.

Keiner von den Großen: Auftritt Mephisto
(Studierzimmer)

Mit Mephistos Auftritt weiß Faust, hier steht schwerlich
einer aus dem Land seiner Träume. Eine Fusion mit der
Hölle lag bisher außerhalb seiner Bestrebungen. Nun aber,
da wohl oder übel die Unterwelt seine Bekanntschaft
sucht, will er des Teufels Namen wissen und weiß gleichwohl, wer vor ihm steht. »Fliegengott, Verderber, Lügner?«
mutmaßt er über den falschen Scholasten und trifft damit
den Nagel ziemlich genau auf den Kopf. Später gewinnt
man den Eindruck, unser halbgarer Magier habe Mephisto
nicht identifiziert oder betrachte ihn als Abgesandten des
Erdgeistes: Manche Fachleute sprechen von einem Arbeits-
fehler Goethes. Mephisto kann natürlich schlecht mit
einem simplen »Ja« antworten, und das wäre auch verein-
facht. Und so bezeichnet er sich als »Teil von jener Kraft,/
Die stets das Böse will und stets das Gute schafft.« Darüber
ist viel nachgedacht worden. Wir begnügen uns mit dem

37

Hinweis, daß es im Sinne Goethes kein rein Gutes und kein rein Böses gibt, daß beides Teile des Ganzen sind und einander bedingen.

Faust ist klar, daß Mephisto kleine Brötchen backt, Mephisto gibt sich auch keine Mühe, das zu verschleiern: »Ich bin keiner von den Großen.« Und mit Faust verbindet ihn zumindest eine Gemeinsamkeit: Mephisto ist mit der Welt ebenso fertig wie sein Habe-nun-ach-Doktor. Wie sehr hat er gegen sie angekämpft, Fluten, Gewitter, Erdbeben hat er geschickt, wie viele Seelen hat er schon in sein Reich gebracht, und immer kommt und wächst es nach, das »frische Blut«, man könnte rasend werden.

Im Unterschied zu Faust ist Mephisto humorig wütend, nach dem Motto: wär' es nicht zum Verzweifeln, könnte man sich totlachen. Jedenfalls kommt er Faust nicht eben dumm, doch ist Mephistos Entertainment weniger tiefgründig und philosophisch, wie man sich bei soviel zynisch-nihilistischer Vergnügtheit wünschen könnte. Mephistos Witz kalauert oft im Nächstliegenden, ist sicherlich mehr als Slapstick, aber so springlebendig er auch urteilt, er bleibt bei aller Frische irgendwie billig. Das ist auch der Grund, wieso er Faust nie zur Gefahr wird. Fausts Führer und Verführer ist eine Pudelnatur, aufmerksam, flink und unterhaltsam. Und ohne jede Höhenorientierung. Faust ist genau das Gegenteil. Der Pakt soll ihn in die gesuchten Höhen führen.

Während sich also Fausts Blick schon wieder über den Horizont erhebt, richtet Mephisto seinen auf die unsichtbaren Schlingen in denen seine Füße stecken. Mephisto hat nämlich, trotz des dämonenabweisenden Pentagramms (Drudenfuß) auf der Türschwelle einen Eingang in Fausts Studierzimmer gefunden, weil der zerstreute Professor just das nach draußen gerichtete Dreieck an der Spitze nicht geschlossen hat. Nun aber, da Mephisto drinnen ist, kehren sich gleich zwei perfekt geschlossene Zacken gegen ihn. Er muß hinaus, und zwar dringend, kann aber nicht. Die Fußschlingen machen ihm mehr zu schaffen als der Vertragsabschluß mit Faust. Hier steckt der Teufel ziemlich im Detail (Faust wird nie in Details stecken). Um aus der kritischen Lage herauszufinden, schläfert Mephisto Faust ein, dann lockt er mit einigen Tropfen Öl eine Ratte herbei, und die nagt ihrem Herren eine Öffnung ins tückische Pentagramm. So kann er endlich entweichen.

Mephisto und Faust: ein »Wetten-daß ...«-Spiel
(Studierzimmer II, Auerbachs Keller)

Mit seinem Zweitdebüt tritt Mephisto als Weltmann auf: ein rotes mit Gold besetztes Kostüm, darüber ein Seidenmantel, auf dem Hut eine stolze Hahnenfeder und am Gurt den spitzen Degen. Faust solle sich auch chic anziehen, das mache frei – Mode als Lebenselexier, wie es Goethe im eitlen Leipzig erlebte. Faust kann mit so was nichts anfangen. Zu alt sei er, »um nur zu spielen« und leider »zu jung, um ohne Wunsch zu sein«. Leben heißt entbehren, und wenn er in sein Inneres blicke, erkenne er einen Gott, doch könne dieser Gott nichts im Leben verrichten – dann lieber sterben. Er haßt das Leben.

Je länger er sich den modischen Mephisto ansieht, um so heftiger wird sein Groll. Und nun stößt er einen mehrfachen Fluch aus, der seinesgleichen vielleicht in Heines SCHLESISCHEN WEBERN findet, nur daß die Weber jene verfluchen, die ihnen Übles getan haben. Fausts Verfluchung umfaßt auf zwanzig Zeilen alles, was unsereins so wohlig wärmt: das Selbstwertgefühl, alle blendende Äußerlichkeit, Ansehen und Prestige, die bürgerlichen Werte Familie, Besitz, vor allem das Geld, mit dem man sich Behaglichkeit erkauft, und die christlichen Werte Glaube, Liebe, Hoffnung. Der Fluch ist so heftig, daß ihn Faust am Ende seines langen Lebens noch bereuen wird (»Mit Frevelwort mich und die Welt verfluchte.«).

»Hör auf mit deinem Gram zu spielen«, schimpft Mephisto. Vielleicht hat er recht, denn ein wenig hypochondrisch klingt Faust schon. Nun ist es an Mephisto, von einem Pakt zu sprechen: Er will Faust hier dienen, dafür solle Faust ihm drüben Gleiches leisten. Das ist freilich unfair, denn das »hier« heißt nur ein Leben lang, »drüben« ist die Hölle, und die währt ewig. Doch Faust kümmert das nicht, mitleidig blickt er hinab: »Was willst du armer Teufel geben?« Und willigt ein. Er hat nichts zu verlieren. Sein bisheriges Leben war ohnehin immer und immer eine einzige Insolvenz. Und so spricht er die denkwürdigen Worte: Sollte er sich jemals beruhigt, geschmeichelt, narzißtisch oder genußvoll zurücklehnen, dann solle das sein letzter Tag sein, dann wolle er gerne zugrunde gehen. Faust weiß: Ganz einerlei, was er tun wird, er wird immer unzufrieden bleiben, er wird sich niemals auf ein Faulbett legen, niemals wird er satt sein können und sagen: Es genügt!

Zum Vertragsabschluß erbittet Mephisto etwas Schriftliches. Faust kommt das über die Maßen pedantisch vor und fragt sehr überzeugt, ob der Pferdefüßige noch keinen Mann und dessen Manneswort gekannt habe. (Als ob Mannesworte niemals gebrochen würden!) Ohnedies sei alles instabil. Rast nicht alles in Strömen fort? Aber egal. Mit der Gebärde eines todessüchtigen Kaskadeurs erklärt unser Held, er unterschreibe in jeder Form, ob auf »Erz, Marmor, Pergament, Papier«, er gehöre nicht zu jenen, die alles versprächen und dann, wenn es ums Schriftliche gehe, kneifen würden. Nicht überhitzen, meint der Vertragspartner, nur eine kleine Unterschrift auf einem »Blättchen« mit »einem Tröpfchen Blut.« Faust willigt ein. Vorerst sei es an der Zeit, die »Tiefen der Sinnlichkeit« auszuloten.

Mephisto – etwas blauäugig – glaubt an Sex, an ein leichtes Spiel. Er werde den Wahnsinnigen ein bißchen

Die Wette oder: Ein höllenhimmlisches Match

Was nun Faust und Mephisto vereinbart haben, ob Wette oder Pakt, lassen wir dahingestellt. Von Wette wird gleich zweimal gesprochen. Das erste Mal im »Prolog im Himmel«, ohne daß der Herr hier auf Mephistos Anerbieten eingeht, aber dem schwarzen Schlawiner ausdrücklich seine Freiheit attestiert; das zweite Mal zwischen Faust und Mephisto – bei Goethe anders gehalten als im Faustus-Volksbuch, wo der Magier den Kontakt zu Mephisto gesucht hat und sich verpflichtet, nach 24 Jahren teuflischer Beihilfe seine Seele der Finsternis zu vermachen. Sowohl im Volksbuch als auch bei Goethe wird der Pakt mit einer Blutunterschrift besiegelt. Inhalt des Goethe-Pakts ist die zeitlich unbegrenzte Leistungsbereitschaft Mephistos, solange Faust ruhelos und unzufrieden umhertreibt, oder wenn wir es schöner formulieren: solange Faust um ein Höheres »strebend sich bemüht«. Daß Mephisto Faust nicht bekommen wird, ist klar. Warum das so ist, ist ein weites Feld. Viele Interpreten argumentieren, Faust habe sich bis zuletzt ruhelos und unbefriedigt gezeigt. Zudem seien seine Worte vom Verweilen, die er kurz vor seinem Tod hervorbringt, im Konjunktiv gehalten. Aber Mephisto verliert die Wette vor allem und fast ausschließlich, weil er Faust nicht steuern konnte, weil Faust auch mit ihm an der Seite, unabhängig und kompromißlos geblieben ist. Faust konnte bis zuletzt dem Teufel und seinen Krämer-Geschäften nichts abgewinnen. Diese Unbeirrtheit macht Fausts Qualität aus, und deshalb verliert er auch die Wette nicht.

durchs Leben, durch »flache Unbedeutenheit« führen, hier wären Mittel genug, um ihn als verführt und verloren enden zu lassen. Mephisto sieht zwar, Faust will anders werden. Nur wie anders? Vom Wissendrang ist er geheilt. Statt dessen hat ihn eine unbändige, ja wütende Lust nach etwas erfaßt, was wir unbeholfen Leben nennen. Er will jetzt Genuß, der so intensiv ist, daß er weh tut, will Haß, der zugleich Liebe ist und Verdruß, der ihn erfrischt und stärkt. Er will jetzt nicht noch mehr wissen (obwohl er mehrmals rückfällig wird), er will jetzt rastlose Aktivität. Davon hat Mephisto nichts begriffen.

Die erste flache Unbedeutenheit, die ihm Mephisto stolz präsentiert ist eine Gaststätte, die es heute noch in Leipzig gibt und die Goethe auch besuchte: Auerbachs Keller. Mephisto ist ja davon überzeugt, daß jeder Mensch eine Gier auch nach dem einfachsten Genuß hegt. »Mit welcher Freude, welchem Nutzen/ Wirst du den Cursum durchschmarutzen!«

Nun lernt Faust die enge und tumbe Behaglichkeit saufender Burschen kennen. Animateur Mephisto unterhält alle mit seiner Kunst, er singt einen neuen spanischen Schlager, dann läßt er Wein aus dem Tisch fließen, allerlei Gaukelei. Faust hat die ganze Zeit bewegungs- und wortlos dagesessen. Der Besuch dieses Proleten-Holaho-Trinker-Treffs ist dem Professor nun wahrlich keine Offenbarung. Eine »lustige Gesellschaft« hatte der Reiseführer versprochen. Er hat sich gründlich vertan. Zuletzt müssen beide auf Fässern reitend das Weite suchen, weil der gehörnte Schwarzkünstler seine Späße entweder zu weit getrieben hat oder weil sie ihm nicht ganz geglückt sind.

Die Geschichte ist gut, um Fausts Mephisto kennenzulernen. Heute sieht man in ihm ja etwas vom kalt planenden Intellektuellen. Das ist Mephisto in Teilen, in anderen

Teilen dagegen nicht. Die Artistik von Fausts Sozius kennt durchaus auch Bauchlandungen.

Gelehrter auf Abwegen: ein zweiter Frühling
(Hexenküche, Straße)

Mephisto und Faust betreten die von Mephisto als wichtige Station eingeplante Hexenküche. Jetzt soll der steifen Hoheit nachgeholfen, Faust verjüngt und attraktiv gemacht werden. In einem Spiegel erblickt der Doktor ein Bild von einer – wir vermuten – nackten Frau jüngeren Alters. Ist das Margarete, seine Zukünftige, oder einfach nur ein schönes Mädchen? Bevor Faust das Verjüngungsmittel trinkt, ist er von der Betrachtung des hingeräkelten Fräuleins wie verwandelt.

Zum ersten Mal läuft die Sache in etwa so, wie sich Mephisto das vorstellt. Doch nur in etwa. Denn dem Teufel wäre am liebsten, wenn sich Faust zum Lustmolch wandeln würde, leider aber destilliert Faust auch seine Wollust zum hochprozentigen Geist. Denn was er sieht, ist weniger das Objekt der Begierde als mehr das Objekt einer nicht gekannten oder vergessenen Sehnsucht. »Muß ich an diesem hingestreckten Leibe/ Den Inbegriff von allen Himmeln sehn?« Das ist nicht so kitschromanig gemeint, wie wir das heute verstehen. In einem Nebentext sagt Faust, es reiße ihn »die Schönheit aus der Barbarey«. Man muß sich sein bisheriges Leben im engen gotischen Zimmer vorstellen – das war Barbarey! – oder eben seinen augenblicklichen Aufenthalt bei der Hexe in dieser Sudelküche. Und ausgerechnet hier erblickt das vergeistigte Greenhorn das schönste Wesen seines bisherigen Lebens. Dann trinkt Faust den Zaubertrank. Mephisto aber glaubt, Faust zur Geilheit geführt zu haben. Er hat immer noch keine Ahnung, wie sehr Faust ein Faktum verabscheut: das Plattgetretene und das Gewöhnliche. Das macht ihn uns heute auch so unnahbar und in wesentlichen Punkten sogar unsympathisch.

Im Edelmannskostüm nähert sich Faust in der nächsten Szene einem hübschen Frauenzimmer, es ist die vierzehnjährige Margarete. Faust hat sein professorales Gehabe abgelegt. Er spricht die Kleine auf offener Straße mit »Fräulein« an, der Anrede für unverheiratete Adlige. Das Kleinstadtmädel weiß nicht, wie ihm geschieht, ist erschrocken und erfreut zugleich. Auch wenn sie schnell wegläuft, läßt ihr die Sache keine Ruhe.

Ein deutsches Bild hat man das genannt, was sich uns jetzt bietet, als sie abends in ihrem »reinlichen Zimmer« ihre langen blonden über den Kopf geknoteten Zöpfe öffnet und kämmt. Was die Interpreten dieses Bildes verschwiegen, ist, daß Fausts Angebetete vor der Nachtruhe schlicht und ergreifend auf die Toilette geht: Goethe war das ein Mittel der Demonstration von Natürlichkeit, wenn Margarete mit der Nachtlampe in der Hand zurückkehrt. Ihre Abwesenheit haben die beiden Herren auf ihre Weise genützt. Mephisto hat ein gestohlenes Schmuckkästchen hinterlegt, mit dem die Unbedarfte zunächst geködert und später mit einem zweiten massiv bestochen werden wird. Faust hingegen hat bei Betrachtung ihres Zimmers seine, wenn überhaupt jemals empfundene Wollust vergessen. Er, der anfangs die »Tiefen der Sinnlichkeit« suchte, entdeckt in der Artigkeit ihrer Kammer etwas, was er nicht hat und nie haben wird: Ruhe. Er entdeckt den Kosmos einer, wenn auch engen, so doch stimmigen Existenz. Hier hat er nichts zu suchen, wird ihm klar. Er will auf der Stelle fort.

Doch ein anderer Punkt hält ihn zurück: Aus Liebe oder Respekt zu entsagen, Gretchen in ihrer krähwinkligen

Backfisch-Existenz zu belassen ist dem Entflammten ein schnell verworfener Gedanke. Also arrangiert Mephisto ein Zusammentreffen. Arm in Arm spazieren Kavalier Faust und Klein-Gretchen im Garten der Nachbarin Marthe Schwerdtlein, und hier beginnt sich eigentlich schon die Tragödie der Margarete abzuzeichnen.

Das ungleiche Paar: Faust und Margarete
(Der Nachbarin Haus bis zur Domszene)

Margaretes Liebe geht einher mit der Betonung der eigenen Minderwertigkeit, sie fühle, daß der »Herr« sie »nur schont«, »herab sich läßt«. Völlig selbstverständlich, daß Faust Margarete mit »du« anspricht, sie hingegen ihn mit »Ihr«. Dabei ist Margarete, wenn auch ein Klein- oder Vorstadtmädchen, nicht schlecht situiert, der tote Vater hat »ein hübsch Vermögen« hinterlassen. Margarete ist ein Mittelschichtkind, Faust aber ein Herr, etwas Besonderes. Der hat ein Aussehen, adelige Garderobe, eine zunächst forsche, dann elegante und dann charmante Art. Und seine ganze Weltläufigkeit ... es gibt nichts, was Gretchen demgegenüber als eigenen Wert anführen kann oder mag. Faust ist ihr ein Geschenk aus Tausendundeiner Nacht, wie ein unverhoffter Liebes-Lottogewinn.

Und völlig klar: Faust liebt Margarete, und das merkt sie auch. Was sie aber nicht merkt: Sie wird eine unter mehreren Etappen in Fausts Leben sein – doch Realitätssinn geht den meisten Verliebten ab. Während sie sich nach ihm verzehrt, dankt Faust draußen in Wald und Höhle dem Erdgeist für die tiefe Schau ins Innere der Natur. Während ihm also die Liebe eine Sonde ist, mit deren Hilfe er das Eigentliche, den Kern der Natur zu erkennen meint, erwähnt er sein Liebchen mit keinem Wort. Die Liebe als Sinngebung ist großartig, die Geliebte vergessen. Faust spricht bei seiner Philosophiererei im reimlosen fünfhebigen Jambus, ein ausgesprochen vornehmer Vers. Gretchen dagegen philosophiert nicht, kämpft als Nußschale im Seesturm mit ihren Empfindungen. Im Gegensatz zu Faust faßt sie ihre Gefühle in kurzen atemlosen Vierzeilern zusammen: »Mein Ruh' ist hin,/ Mein Herz ist schwer;/ Ich finde sie nimmer/ Und nimmermehr.« Und im Urfaust heißt es noch: »Mein Schoß, Gott! drängt/ Sich nach ihm hin./ Ach dürft ich fassen/ Und halten ihn.« Das klingt noch ohnmächtiger.

Hier treffen zwei völlig konträre Lebensformen aufeinander, nur verbunden mit einem Element, dem der Unruhe. Faust immerzu den Blick nach oben, in die Weite und Größe, Margarete ehemals noch frei, jetzt wie eine Maus im Laufrad. Faust ist, wie er selbst von sich sagt, ein »Unmensch ohne Zweck und Ruh'«, der den Untergang der Geliebten als mögliche Katastrophe in Erwägung zieht. Verlogenerweise spricht er vom gemeinsamen Untergang, wohl wissend, daß es nur ihr Ende sein wird; selbst für Mephisto ist solches Gerede abgeschmackt.

Eigentlich sieht es so aus: Faust hätte sich kaum einen schwächeren Menschen für seine Stationenfahrt aussuchen können als Margarete. Die folgenden Momente ihres kurzen Lebens sind nichts als ein einziges Hinfort-Gespült-Werden. Nur einmal zeigt sie mutig Eigeninitiative, als sie Faust mit ihrer Gretchenfrage angeht: »Wie hast du's mit der Religion?« Faust will die tapfere Kleine nicht vor den Kopf stoßen: Natürlich glaube er an Gott, Gott ist überall, Gott ist alles, wie solle man da nicht an ihn glauben?

Und dieser unheimliche Begleiter? fragt Margarete. Der sei ein Kauz, sie habe doch nur »die Antipathie«. Faust ist nach anderem zumute. Könnte er nur ein Stündchen bei ihr liegen ... hier, ein kleiner Schlaftrunk für die Mutter. Gretchen tut, was Faust verlangt. Doch die Mutter stirbt an den Folgen dieses Mittels. Und Faust hat in dieser Nacht Margarete geschwängert. Jetzt folgt für die Schutzlose Schlag auf Schlag. Valentin, ihr Bruder, überrascht Faust und Mephisto beim Zitherspiel unter dem Fenster. Ein kurzes Degenduell und Valentin sinkt von Fausts ferngesteuerter Hand schwer verwundet zu Boden. Margarete stürzt aus dem Haus, Faust und Mephisto machen sich davon. Eine Hure sei sie, schmäht sie der tödlich Getroffene, er verfluche sie, und: den entscheidenden Stoß habe sie geführt, weil sie ihm Schande gebracht habe.

Dann stirbt er. Faust wird nicht mehr auftauchen, er hat anderes vor. In ihrer Not geht die Verlassene in die Kirche, so, wie sie es immer getan hat, aber hier finden sich statt einer tröstenden Gottesmutter böse Geister, Gewissensdämonen, die sie an den Rand des Wahnsinns treiben; sie fällt in Ohnmacht. Doch die Leidensspirale dreht sich weiter. Margarete gebiert ein uneheliches Kind, das sie aus Verzweiflung ertränkt.

Traum und Zauber der Walpurgisnacht

Am Blocksberg im Harz ist Walpurgisnacht. Faust ist fasziniert, hier muß sich »manches Rätsel lösen«. Zwar löst sich kein Rätsel, das er nicht schon kannte, aber es gibt viel zu gaffen: die komplette Welt eines Spiritistenkabinetts, alles unendlich bunt und fahrig, oben ein roter Mond, unten »glimmert« der Berg von Gold, es kracht der Wald, Irrlichter im Nebel, Windsbraut, Hexen, die platzenden Bauches ihre Totgeburten zur Welt bringen oder sich mittels narko-

tisierender Salben zudröhnen, Hexenmeister, nackte Schönheiten, verrückte Poeten, allerlei Anales und Genitales, allerlei verschminktes Volk von 1800, über das sich Goethe
lustig macht. Oben Herr Urian, der Satan, aber das ist im
ganzen Chaos unwichtig. Faust schnappt sich die löwen-
mähnige Lilith, Evas Vorgängerin. Wir fragen, warum hat
Faust das nicht *vor* Gretchen getan? Zugegeben, die Frage
ist theoretisch und Goethe würde sie als überaus unqualifi-
ziert abtun, schließlich wäre dann die ganze Gretchen-
handlung ruiniert. Wir aber entgegnen, daß uns das Opfer
Unschuldiger bei aller literatur- und motivgeschichtlichen
Tradition eigentlich auf die Nerven geht, denn Lilith, die
Uremanze (weil sie etwas Besseres als Adam suchte), wäre
für das herzige Mädel die Rettung gewesen.

Daneben fragen wir, ob Gretchens Angebeteter nicht
auch der Typus Mann ist, der zerstört, was er liebt, und im
Umkehrschluß nur liebt, was er zerstören kann. Höchst-
wahrscheinlich hätte Faust (wie Goethe) niemals einer
Sufragette mit kräftig blauen Strümpfen über wohlgeform-
ten Beinen etwas Vorteilhaftes abgewinnen können. (Seine
Adelheid im GÖTZ liebte Goethe, wie er sagte, doch war er
eher fröstelnd fasziniert von diesem männermordenden
Vamp.)

Plötzlich sieht der Walpurgis-Besucher das Bild eines
blassen nackten Mädchens, das an den Füßen in Ketten ge-
fesselt, ein rotes Schnürchen um den Hals trägt. Es ist das
»gute Gretchen«, die Ketten weisen auf ihre Gefangenschaft und das rote Schnürchen auf ihre bevorstehende
Enthauptung.

Fahrlässig in Kauf genommen: die Katastrophe
(Trüber Tag, Kerker)

Faust ist fassungslos. Die fuchsteufelswilde Beschimpfung seines finsteren Herzensbruders aber ist schwer nachvollziehbar: der sei schuld, dieser Hund, dieser Wurm, dieses Untier. »Fluch über dich auf Jahrtausende!« Der Verfluchte ist wenig betroffen – warum auch? – und weiß sich zu wehren. Das sei Tyrannenart, den »unschuldig Entgegnenden zu zerschmettern«. Unschuldig kann Mephisto je nach höllischer oder menschlicher Sicht sein und nicht sein, aber sein Tyrannenvorwurf stimmt genau. Denn auffällig ist, wie wenig Faust sich in die Schuldfrage einbezieht. Er behauptet allen Ernstes, er habe das nicht gewollt. Statt über die Anfänge und die Dynamik seines Tuns nachzudenken, ergeht er sich in Haßausbrüchen und selbstmitleidigem Räsonieren, in ein ständiges Ist-das-nicht-schrecklich? – vielleicht auch eine deutsche Untugend.

Mit schwarzen Zauberrossen geht's zur eingekerkerten Geliebten. Margaretes Aufseher werden eingeschläfert. Mephisto wacht am Gefängniseingang. Faust findet in der Geliebten einen zerstörten Menschen vor, dem Wahnsinn, eigentlich dem Sterben nahe. Faust kann nicht mehr normal mit Margarete reden, sie ist der Wirklichkeit entrückt, manchmal nur tastet sie hinaus zu Faust, um gleich wieder zurück in ihr inneres Gefängnis aus Jenseits- und Schuldglaube zu gleiten. Und was tut Faust? Er sagt: »Du bringst mich um.« Daß tatsächlich er zehnmal eher sie umbringt und umgebracht hat, sagt er natürlich nicht. »Nur fort«, stammelt er. Er will sie packen und hinaustragen. »Laß mich! Nein, ich leide keine Gewalt!« Sie hat genug, sie weiß, wohin das führt. Der Tag zieht auf. Mephisto mahnt zum Aufbruch. Er kann nichts mehr tun. »Sie ist gerichtet!« ruft er mehr wissend als triumphierend. »Ist gerettet« kommentiert von oben ein göttlicher Bariton. »Heinrich! Heinrich!« hallt es von tief unten. Faust bleibt allein. Wollte er es anders?

Der Schluß der »Tragödie Erster Teil« ist realistisch und mystisch gleichermaßen. Ein blondes Gretchen im groben Büßergewand, Protz-Faust mit ausfahrender Gestik, übernächtigt und zerzaust, im Hintergrund ein schneidiger Teufel mit schwarzen Zauberrossen. Mittelalterliches Gemäuer, knorrige Verliestüren und schwere Ketten. Goethe ist ein dichtender (wiewohl ungläubiger) Katholik: EGMONTS Klärchen erscheint dem todgeweihten Geliebten als goldleuchtendes Engelsbild; sie ist da, wo Margarete hinwill und hinkommt: im Himmel. Die Ottilie der WAHLVERWANDTSCHAFTEN, unschuldig schuldig am Tod ihres (genauer: Charlottes) Kindes, wird nach ihrem Ableben als das verehrt, was Gretchen jetzt halb und dann am Ende des zweiten Teils vollends ist: eine Heilige. Für eine Aufführung 1829 in Weimar hatte Goethe den Schauerpassus »Heinrich! Heinrich!« gestrichen und Gottes Worte wie in einem Oratorium von einem Chorgesang aufnehmen und ausklingen lassen. Goethe neigte sehr zur blattgoldigen Erhebung seiner Unschuldsfrauen und wünschte besonders prächtige Klänge darüber.

Unterbrechen wir am Ende des Ersten Teils die Handlung und werfen einen Blick auf die Gretchentragödie: Gretchens soziokulturelle Umgebung ist ein Käfig, nicht golden, nur aufgeräumt und sauber, so engstäbig, daß man kaum nach draußen blicken kann. Gibt es überhaupt ein Draußen? Marthes Mann ist aus dieser Enge entflohen, in Padua und Malta soll er gewesen sein. Sind das wirkliche Orte draußen? Keiner fragt. Alles, was nicht im unmittelbaren Gesichtskreis liegt, wird nicht zur Kenntnis genommen. Margarete führt den Haushalt der gestrengen Mutter, sie geht täglich beichten, sie ist der Stolz des strammen Bruders, die Zierde einer Siedlung mit schmalen Gassen und niedrigen Häusern.

Dann begegnet ihr Faust, der verkörpert vieles, was ihre enge Existenz zu sprengen vermag. Faust ist Reichtum, Geist und Sozialprestige. Das ist schön, aber nicht interessant. Neugierde kennt sie nicht. Was zählt, ist der wahrgewordene Teenagertraum, ist die Liebe, die von ihr Besitz ergreift. Aus Versehen – aber ebenso auch aus Liebe – wird sie zur Muttermörderin, und in Folge – aus Verzweiflung – zur Kindsmörderin. Eingekerkert wartet sie süchtig nach Erlösung auf ihren Tod. Ihr Geliebter will sie befreien, sie aber weigert sich.

Warum bleibt sie? In erster Linie, weil sie merkt, daß Faust erkaltet ist. Daneben gibt es aber noch zu bedenken: Gretchen ist eingeschnürt in Religiosität. Ein gedrillter Untertan ist sie, das gehirngewaschene Machtopfer des Katholizismus, das vor allem eins nicht kennt: das Selbst als Zentrum eigener Überlegungen. Gretchen steckt in einer sozialen Zwangsjacke. Diese Fessel läßt sie selbst wenige Stunden vor ihrer Hinrichtung nicht los. Leidenschaftlich beklagt sie, daß die anderen Spottlieder auf sie singen, doch sie ist ohne Fluchtperspektive – ein Aschenputtel, das trotz reisefertigen Prinzgemahls hinterm Ofen in der Asche liegenbleibt.

Mangel an Emanzipation? Die Frage ist zugespitzt und doch nicht völlig aus der Luft gegriffen. Margaretes Mutter, sie ist Witwe, verdient einen Extra-Obolus als illegale Pfandleiherin. Auch die korrupte Marthe Schwerdtlein versteht viel von biographischer Selbstverwaltung. Die einer Emanzipation vorausgehende Infragestellung ihres Umfelds geht Margarete ab, auch wenn sie, den gefundenen Schmuck anlegend, ihr »Ach wir Armen!« hervorseufzt. Nahezu willentlich kommt sie zu ihrer Opferrolle, erwachsen aus einer tief verinnerlichten Geringschätzung ihrer selbst, die bei keiner von Goethes Figuren dieses Maß an Ausprägung findet.

Kannte Goethe so etwas wie Emanzen? Wir sagen ja und verweisen zum Beispiel auf seine Verlobte Lili Schönemann. Kannte er die »feministische« Problematik? Er kannte sie. »Der Frauen Schicksal ist beklagenswert«, läßt er seine Iphigenie sagen. Sophie aus den MITSCHULDIGEN, Dorothea, ja selbst EGMONTS Klärchen und CLAVIGOS Marie – sie alle handeln mal mehr, mal minder selbstbestimmt, von den starken Frauen ganz zu schweigen: Stella, Adelheid aus dem GÖTZ, Margarete von Parma (EGMONT), Makarie aus den WANDERJAHREN und andere.

Gretchens Verhängnis ist zugleich die Tragödie der Verlassenheit. Gretchens Vater ist tot, das Schwesterlein, Zentrum ihres engagierten kleinen Lebens, ist vor kurzem verstorben, ihre Mutter nur abends zu Hause, ihr Bruder beim Militär. Dann sterben Mutter und Bruder, und vom sterbenden Bruder erhält sie einen vernichtenden Fluch: Er nennt Margarete vor den Leuten eine Hure. Völlig allein gelassen, Faust ist über alle Berge, bringt sie ein Kind zur Welt. Dies alles in einem Umfeld, das mit der schrecklichsten Sanktion des kleinstädtischen Milieus reagiert, der Ausgrenzung. Daß Margarete dann auch noch ihr Neugeborenes umbringt, ist nur noch bedrückende Konsequenz.

Der Tragödie Zweiter Teil

Als wäre nichts geschehen: Fausts Neustart
(Erster Akt)

Auf blumigen Rasen gebettet, im Schlaf versunken liegt Faust. Um ihn mächtige Geister, die den im Koma Liegenden wohltätig umsorgen. »Da wird kein Gericht gehalten und da ist keine Frage, ob er es verdient oder nicht verdient habe«, erklärt der Autor (Eckermann, Gespräche, Fragment zum 4. Teil). Faust schläft ja nicht unter Menschen, keiner wird kommen und ihn mit einem Was-hast-du-Getan!? wach rütteln. Er schläft in der Natur. Natur kennt keine Schuldfrage. Sie folgt ihrem Gesetz der beständigen Regeneration, diesem Gesetz folgt auch Faust. Er hat gut geschlafen und das Vergangene vergessen.

Das ist der Beginn des Zweiten Teils.

Und nun raus aus dieser immer noch engen Welt der Gelehrtenexistenz und des Kleinstadtgeschehens, jetzt nach oben an die Spitze. Zur Kaiserlichen Pfalz.

Der Kaiser hält eine seiner pompösen Ratssitzungen. Sein Reich steht zur Debatte, der Kanzler spricht von Anarchie, der Verteidigungsminister von militärischem Ungehorsam, der Finanzminister vom allseits säumigen Steuerzahler. Keiner weiß weiter. Mephisto hat sich anstelle des fett- und alkoholsüchtigen Hofnarren zur Linken des Kaisers gesetzt und weiß Rat. »Wo fehlt's nicht irgendwo auf dieser Welt?/ ... hier aber fehlt das Geld.« Plump geht der neue Hofnarr nicht vor, eher fachwirtschaftlich. Es ist Mephistos großer, ziemlich unteuflischer Auftritt. Der Boden berge riesige Schätze, sagt er, jeder, auch der Kaiser, müsse nur mit Hacke und Spaten graben, denn »die Bauernarbeit macht dich groß«. Nicht nur Chaos belastet das Land, sondern auch Untätigkeit.

Des Teufels Vorschläge sind also durchaus konstruktiv. Der Kaiser aber glaubt an verborgene Schätze. Den Hinweis auf Arbeit als unabdingbare Vorleistung zur Gesundung der Wirtschaft überhört er. Und überdies will er sich jetzt zerstreuen. Es ist Karnevalszeit. So bleibt dem bocksfüßigen Mentor nur das achselzuckende Resümee, selbst mit dem Stein der Weisen sei nichts erreicht, wenn es dem Stein am weisen Manne fehle.

Faust setzt sich in Szene

»Man übertäubt mit Maskeraden ... oft eigne und fremde Not«, schrieb Goethe an Lavater (19. 2. 1781). Das tut der kaiserliche Hof. Es ist der Tanz einer bunten Nichtsnutz-Clique auf dem Vulkan. Wir erleben eine bombastische Renaissance-Revue, wie sie Goethe aus der Beschreibung eines Medici-Festes und von allerlei Gemälden etwa von Andrea Mantegnas Gemäldezyklus CÄSARS TRIUMPHZUG kannte und hier nun frei moduliert nachstellt. So tritt der Fortgang der Faust-Handlung zugunsten eines sinnenverwirrenden eigentlich unaufführbaren Illusionsspektakels auf der Stelle. Insofern fühlt man sich ans Walpurgistreiben des Ersten Teils erinnert, nur geht es hier etwas geordneter zu. Durchs Fest führt ein Zeremonienmeister, der Herold.

Der kündigt den Auftritt der Gäste an: Gärtnerinnen und Gärtner mit allen nur erdenklichen Blumen- und Fruchtgebinden, Fischer, Vogelsteller, Holzhauer ... Sie singen vom Fleiß, derweil Parasiten daneben stehen, schmeichelnd; eine »pantoffelfüßige« Pulcinelle lobt den Müßiggang, ein Besoffener das Trinken, allerlei Poeten drängeln gegeneinander, es erscheinen Grazien, Parzen, Furien, Allegoriefiguren der griechischen Mythologie, auch allerlei Exotica: ein Elefant mit einem zierlichen Mädchen im Nacken, dann Gnome, Ballett- und Pantomimetänzer und und und ... dazu Instrumentalmusik, Chöre und Gesänge.

Alles in allem eine wenig schmeichelhafte doch überaus bunte Messe mit Ausstellungsartikeln der menschlichen Zivilisation. Auch Ungeladene erscheinen, und zwar nicht durch den Eingang, wo der Herold bisher jeden vorzustellen wußte, sondern durchs Fenster von oben. Ein von vier Lindwürmern gezogenes und von einem schwarzgelockten, schwarzäugigen Adonis gelenktes Prachtgefährt schwebt herab: Man erkennt einen pummeligen, Turban tragenden Herrscher in Prachtgewändern. Und hinten auf der Prachtkarosse eine knochenmagere Kreatur. Wer sind's? Plutus und Avaritia, das sind Reichtum und Geiz – Faust und Mephisto in maskierter Gestalt. Und der strahlende Knabe-Lenker? Das ist die Poesie und Goethes idealistischer Überzeugung zufolge auch die Verschwendung.

Der Wunderknabe wirft mit Perlen und allerlei Kleinodien um sich. Die Leute grapschen und greifen. Als sie die schönen Sachen besehen, krabbeln ihnen Käfer aus den Händen: Die Pretiosen der Dichtkunst, halluzinierte Schöpfungen, sind mit Händen nicht zu fassen. Der Bildschöne aber wendet sich seinem Herren, dem Reichtum, zu. Er huldigt ihm. Und der Gehuldigte erwidert nachdrücklich das Achtungsbekenntnis:

»Wenn's nötig ist, daß ich dir Zeugnis leiste,
So sag' ich gern: Bist Geist von meinem Geiste.
Du handelst stets nach meinem Sinn,
Bist reicher, als ich selber bin.« (5622 ff)

Ein Reichtum also jenseits materieller Güter. Und ohne blasphemisch sein zu wollen, fügt der Dichter hinzu: Die Dichtkunst ist der Christussohn des Reichtums. Dann entfernt sich der Knabe-Lenker, er ist hier am falschen Ort; Plutus, der Reichtum, ist hier richtig: Er läßt eine Goldkiste aus der Kutsche heben, dann öffnet er das Gefäß mit den Kostbarkeiten. Die Menge gerät außer Rand und Band. Um sie auf Distanz zu halten, schwingt er den in »Sud und Glut« (wohl Schmuck und Gold) getauchten Heroldsstab. Flammen ziehen wie Peitschenhiebe über die Köpfe der Anwesenden und schaffen etwas Ruhe. Geiz-Mephisto inszeniert nun eine Geld-Sexualitäts-Performance, indem er eine große Masse Goldes zum exorbitanten Phallus formt.

Pan tritt auf, der Allseitige, Allmächtige, Allumfassende, dazu sein Hofstaat aus Faunen, Gnomen, Riesen, Nymphen. Es ist der Kaiser. Gierig steckt er seinen Kopf in eines der Pretiosenbehältnisse, da gehen er selbst und dann auch der Palast in Flammen auf. Panik droht. Pan fliegt hinein in ein Meer von Feuer. Ein allegorisches von Faust/ Plutus herbeigezaubertes Schauspiel, das der Kaiser genießt, ohne zu bemerken, was kluge Interpreten sofort erkannten: Das Feuererlebnis ist ein Hinweis, daß des Kaisers Reich vom Bürgerkrieg erfaßt werden wird.

Im nachhinein stellt sich heraus, daß der Kaiser im Karnevalschaos ohne die geringste Ahnung ein ihm wohl beiläufig hingereichtes Blatt unterschrieben hat, mit Hilfe dessen noch in dieser Nacht Papiergeld bzw. Wertscheine auf das Gold des Königs gedruckt und vervielfältigt wurden. Nur daß dieses Gold noch dem Boden des Kaiserreiches entnommen werden muß. Die Papiere des Kaisers bezeichnen also lediglich einen erst zu erwirtschaftenden Wert. Vorläufig aber bescheren die imperialen Zettel dem Land eine Wirtschaftsblüte paradiesischen Ausmaßes.

Nirgend und Niemals:
Fausts Stippvisite im Reich der Mütter

Die Einführung des Papiergeldes wird als großer Erfolg des Zauberers Faust verstanden. Nun soll der Magier unterhalten. Er soll Helena und Paris herbeizaubern. Mephisto schickt Faust ins Reich der Mütter. Dieses Reich, sagt er, ist weder örtlich noch zeitlich bestimmbar, es hat überhaupt keine Dimension. Für die Heranschaffung des Traumpaares muß Faust den Müttern den glühenden Dreifuß mittels eines Schlüssels entwenden, den ihm Mephisto überreicht. »Das kleine Ding!« sagt der Reisefertige. Doch durch seine Berührung wächst und blitzt der kleine Gegenstand. Eine Wünschelrute oder ein Phallus? Es rauscht im Blätterwald der Faust-Interpreten. Der Schlüssel ist oft – auch bei Goethe – ein Sexsymbol. (Wie etwa in den WANDER-JAHREN: Felix findet die Schatulle, Hersilie den passenden Schlüssel.) Und der glühende Dreifuß? Vielleicht das Dreieck der Frauen, das vom Schlüssel berührt, den Schöpfungsakt schlechthin symbolisiert: Das nach unten gerichtete Dreieck ist oft ein Symbol des Wassers und damit des weiblichen Geschlechts, das nach oben gerichtete ein Symbol des Feuers und des männlichen Geschlechts.

Im Schein des Dreifußes werde der Ausflügler die Mütter sehen, erklärt Mephisto, »die einen sitzen, andre stehn und gehn,/ Wie's eben kommt«. Seine beiläufige Rede ist wohl Hinweis auf die drei Bauteile der Natur: den mineralischen (»sitzen«) Teil, den pflanzlichen (»stehn«) und den tierischen (»gehen«). Faust steht wieder vor einer Grenzüberschreitung, denn »das Schaudern«, das philosophische Staunen, ist ihm »der Menschheit [des Menschseins] bestes Teil«. Wie ihn sein Einweiser geheißen, stampft Faust mit dem Fuß und versinkt.

Helena: Faust und das Schöne

Die Sache geht gut. Faust kehrt wohlbehalten, wenn auch
etwas entrückt als Priester von seinem »Schreckensgang«
zurück. Hinter oder über ihm schwebt der Dreifuß. Nun
berührt er ihn mit dem Schlüssel. Halbnackt erscheint
Paris. Und der männliche Teil der Hofgesellschaft tut – aus
Neid – enttäuscht, anders dagegen der weibliche. Helena
erscheint. Faust vergißt sich. Völlig gleich, ob diese antike
Schönheit als Projektion – der Laterna magica – auf einer
künstlich erzeugten Rauchschwade erscheint – mithin
Mephisto und Faust mit einem Techniktrick bluffen –, oder
ob Faust aus dem Reich der Mütter die Urschöne »tatsächlich« mitgebracht hat: Der Magier verliert bei Betrachtung

Was war vor Gott – Das Reich der Mütter?

Man muß davon ausgehen, daß Goethe auf seine alten
Tage gerne schalk- und rätselhaft gewesen ist. Und
außerdem gilt, daß nicht alles, was Poesie artikuliert, entsprechend interpretiert oder auch nur nachformuliert werden kann. Einmal sagt er von der Poesie, je inkommensu-
rabler, also irrationaler und unwägbarer sie sei, desto
besser. So muß also eine gewisse Unerkennbarkeit akzep-
tiert werden. Eckermann, der gerne mehr zum Mütter-
komplex gewußt hätte, wurde auf Plutarch verwiesen. Er
solle selbst herausfinden, was er wissen wolle (Eckermann, 10.1.1830). Tatsächlich spricht der antike Schrei-
ber in seiner Marcellus-Biographie von sizilianischen
Göttinnen, die Mütter heißen. Auch Albrecht Schöne hat
bei Plutarch nachgeblättert und findet in den Moralischen
Schriften im Kapitel »Über den Verfall der Orakel« einen
Hinweis auf Übervater Plato: Der habe erklärt, es gebe
183 verschiedene Welten, die in einem gleichseitigen
Dreieck angeordnet seien. Schöne zitiert: »Der Innenraum

Helenas den Verstand. Ähnlich seinem Vorgänger Pygmalion, der sich unsterblich in die von ihm selbst geschaffene Frauenstatue verliebt, will Faust seine Helena, ob nun Bild oder Geist, für sich in echt. Indes verliert unser Voyeur nicht den Kopf bloß wegen der schönen Helena, sondern auch und vielleicht vor allem weil er DAS SCHÖNE zum erstenmal geistig-intellektuell für sich entdeckt.

Was das letztlich ist, können wir hier nicht weiter ausführen – wir begnügen uns mit der Kurzformel: Schönheit ist die Aufhebung von Gegensätzen, edle Einfalt, also Einfachheit, und stille Größe. Nun schickt sich Paris gemäß seiner mythologischen Vorbestimmtheit an, die Schöne zu entführen, Faust geht dazwischen. Umsonst mahnt Mephisto, Illusion und Wirklichkeit zu trennen.

des Dreiecks ist der gemeinsame Herd aller und wird die Ebene der Wahrheit genannt, worin die ... Paradigmata [so etwas wie Grundmuster] aller Dinge, die gewesen sind und die noch sein werden, unbeweglich lägen. Um sie liegt Ewigkeit, von der gleichsam die Zeit in die Welten abfließt.« Diesen Passus, der dem Bühnengeschehen am nächsten kommt, las Goethe fast zwanzig Jahre bevor er die Mütter-Geschichte schrieb, möglich, daß er sich daran erinnerte. Eckermann gegenüber ließ er den Plato-Text aber unerwähnt.

Sicher kreist diese poetische Schöpfung des Reichs der Mütter um die Frage, die sich Faust während seiner Bibelübersetzung stellte: Was war im Anfang? Unter anderem das Urprinzip Schöpfung, etwas, was Idee und nicht Gegenstand ist; ein raum- und zeitloser, also absoluter Urzustand. Der Halb-Atheist Goethe glaubte nicht, daß ein männlicher Gott die Welt und das Leben erschaffen habe, sondern daß es als Urform der Entstehung ein mütterliches Prinzip gegeben haben muß oder immer noch gibt.

Faust gebärdet sich wie ein Regisseur, der in seinen eigenen Film einsteigen will. Er packt Helena, es gibt einen krachenden pyrotechnischen Gau, der Verliebte sinkt zu Boden. Helena und Paris gehen in Dunst auf, Finsternis, Tumult, Ende des Akts.

Und wohin führt das Ganze? Weg von der Politik. Macht und Einfluß interessieren Faust vorerst nicht mehr. Er will Helena, sonst bleibt ihm ein Leben ohne das Schöne »unerschlossen«, wie er sagt. In Helena erblickt er die Schönheit in Reinkultur, Helena aber wird als schönste Frau der Welt, als ein Idol, einen Zustand finden, den sie als nicht wirklich eindrucksvoll beklagen wird.

Abstecher in die griechische Antike
(Zweiter Akt)

Wir haben es noch nicht gesagt: Faust tritt kontinuierlich zurück. Von dreißig Prozent Redeanwesenheit im Ersten kommt er auf dreizehn Prozent im Zweiten Teil der Tragödie. Die Welt, in die Faust gerät, tritt vor. Hier im zweiten Akt verschwindet der Liebesfahnder auf seiner Suche nach Helena im antiken Reich der Toten. Nicht nur Freiraum für den zauberhaften Homunculus, auch Glück für den Autor, denn der schreibt damit ein Stück, in dem sich Amüsantes, Sentimentales und Tiefes auf glanzvolle Weise verbinden: eine Vorstellung der frühmythischen Antike und zugleich ein Weisheitstraktat, grobschrötige Komik und herzerfrischender Schmalz – eine Mischung, wie sie dieserart allein dem Dichterfürsten der letzten Jahre gelingen konnte.

Nach Fausts Zusammenbruch am Kaiserlichen Hof packt ihn Mephisto auf die Schulter und macht sich davon, zurück in die Studierstube, wo alles begann. Ein durchdringender Glockenton, bebende Mauern, aufspringende, ehemals fest verschlossene Türen künden etwas Ungeheuerliches an. Wagner, Faustens alter Assistent, stellt einen künstlichen Menschen her. Faust aber, der Allwissenheitsstreber, liegt »paralysiert« daneben, ihm geht es nur noch um Helena. Sein erstes Wort, nachdem er in Mephistos Flugmantel über Thessalien bei Pharsalus (heute Farsala) niedergeht, lautet: »Wo ist sie?« – Weder Mephisto noch Homunculus können antworten.

Nun teilen sich die Wege der drei, und spätestens hier wird klar: Der zweite Teil des FAUST wird über die Exkursionen des schwarzweißen Duos hinausgehen. Anders geartete menschlichere Wesen kommen hinzu.

Ziemlich schnell findet sich der Liebeskranke hier auf antikem Griechenboden zurecht. Ihm ist wie Antäus, der seine Mutter Erde berührend neue Kraft gewinnt. Zudem demonstriert er genau jenen Fall des glücklichen Touristen, der mit seiner affirmativen Wahrnehmung die Welt um sich positiv zu stimmen vermag. Selbst die unzugänglichen Sphinxe sind angesichts seiner schwärmerischen Freundlichkeit herablassend und entgegenkommend. Wo Helena sei, fragt er sie. Das wüßten sie nicht, antworten die Sphinxe im Chor. Der »hohe Chiron«, der Kentaur, könne ihm wohl weiterhelfen.

Und in der Tat, der Zufall hilft. Faust halluziniert die Geschichte der Leda mit dem Schwan, ein Bild aus Wasser, Erotik und grandioser Naturharmonie, da trabt der Pferdemensch vorbei und nimmt den Anhalter mit. Wie ein Ahnenforscher weiß Faust genau, wen dieser berühmte Pädagoge und Wissenschaftler lehrte und erzog. So geht Chiron auf Fausts Fragen ein. Geschickt lenkt der die Sache auf Helena, indem er nach Herkules fragt. Der sei der Größte und Schönste gewesen, bekennt der Vierfüßige.

Und wer ist die schönste Frau? »Ich seh', die Philologen,/ Sie haben dich so wie sich selbst betrogen«, entgegnet Chiron und spart nicht mit Hinweisen auf Helena als einer mythologischen, also fiktionalen Figur. Faust folgert mit der Logik des Fanatikers, dann sei sie ewig, sein Verlangen also legitim. Chiron hält den »fremden Mann« für »verrückt« und bringt ihn zu Manto, der Tochter des Äskulap (in der Mythologie Tochter des Teiresias). Die werde ihn mit Wurzelkräften von Grund auf heilen. Doch Manto scheint eine faustische Natur zu sein, ihr imponiert einer, der das Unmögliche will. Vielleicht ist sie auch eine Romantikerin, die einem Liebesnarren gern zur Seite steht. Einmal hat sie ja auch dem Troubadour Orpheus geholfen, als der seine Eurydike aus der Unterwelt freisang. Nun sehen wir sie mit Faust hinabsteigen, um Gleiches zu erreichen. Die große Rede Fausts vor der Hades-Gemahlin Persephone (Proserpina) hat Goethe entgegen seiner ursprünglichen Absicht, nicht zu Papier gebracht. So finden wir Helena später etwas ahnungslos in der Oberwelt, wo sie in weiterer Folge zusammen mit Faust leben und lieben wird.

Die Fremde als Alptraum: Mephistos Katastrophenpartie

Das Sympathische an Mephisto ist, daß er keine Horrorfigur aus dem Kabinett christlicher Glaubensvorstellung ist, sondern ein durchaus menschliches Wesen. Bei dessen Gestaltung dachte Goethe auch an eine bestimmte Persönlichkeit: seinen stets stichelnden, ungemein geistwachen Freund-Feind Johann Heinrich Merck (Eckermann, 2. 3. 1831). Die Vorlage ist mithin eine klar humane und keine theoretische. Überdies plante der Autor, den durch allerlei Welt streunenden und eigentlich verlorenen Teufel am Dramenende an jenen Punkt zu führen, »wo selbst [er] Gnad' und Erbarmen vor Gott findet« (Gespräch mit Falk, 21. 6. 1816). Daß es anders gekommen ist, liegt sicherlich auch daran, daß sich der greise Autor allerlei Sehweisen bediente, unter anderem auch einer mephistophelischen. Und exakt deren fröhlicher Zynismus verbot eine seligmachende Begnadigung des Antichrist. Und erlaubte, hier in der Klassischen Walpurgisnacht, aus dem lebenslustigen Mephisto eine Figur zu machen, die sich in bester Comicmanier zahlreiche blaue Flecken holt. Schon unmittelbar nach der Geburt des Homunculus hat Mephisto keinerlei Lust auf die antike Sagenwelt, wo man ihn nicht kennt und wo er auch keinen Einfluß haben kann. Und seine Befürchtungen werden sich alsbald bewahrheiten. Schon der erste antike Umgang mit den Greifen, geflügelte Fabeltiere mit Adlerkopf und Löwenkörper, endet wegen seiner Protzigkeit beinahe in einer Prügelei.

Die nicht so ruppigen Sphinxe gehen auf Distanz, weil er sich zunächst nicht richtig, das heißt unverständlich vorstellt (er nennt sich in Anlehnung an das altenglische Theater »Old Iniquity« – das alte Laster), zudem beleidigt er sie wegen ihrer tierischen Statur. Mephistos Herz sei »ein lederner verschrumpfter Beutel«, kritisieren sie, weil ihn der Gesang der Sirenen kalt läßt. Dafür lassen ihn die stymphalischen Vögel mit ihren Schnäbeln, Flügeln und Klauen aus Eisen nicht kalt, ebenso die durch Herkules abgetrennten Köpfe der lernäischen Schlange. Er fürchtet sich. Die Lamien (eine Art Vampire), attraktive Freudenmädchen, die gefallen ihm endlich, doch als er sie haschen will, verwandeln sie sich: die eine in einen Besen, die nächste in eine Eidechse, die dritte in einen Phallus, die vierte in einen

»Bovist« (ein Bauchpilz, im Volksmund »Füchsinnen-« oder »Teufelsfurz« genannt). Zuletzt umkreisen ihn nur noch Fledermäuse.

Ein Erdbeben, das sich hinter ihm erhoben hat, hat er überstanden. Immerhin. Nun irrt er zwischen hohen, intakt gebliebenen Felsen. Oreas, die Bergnymphe, lotst ihn nach oben, hier ist noch alles fast wie im heimatlichen Harz. Dennoch: Mephistos Einordnungsversuche sind kläglich, er bleibt einer, der sich nur im Mief der engen pfäffischen Kultur des christlichen Nordwestens zu Hause fühlt: »Man denkt an das, was man verließ;/ Was man gewohnt war, bleibt ein Paradies«, sagt der Provinzler.

Endlich findet der Ver- und Getriebene eine Höhle. Innen leuchtet es matt und trübe. »Dreifach hingekauert« die Phorkyaden, drei Jungfrauen, die zusammen einen Zahn und ein Auge haben und sich diese wie Prothesen gegenseitig ausleihen – weiße, nie von der Sonne beschienene Inzest-Geschöpfe. Sie leben dort, wo die Nacht den Tag verbringt. Im Land der Schönheit, ausgerechnet hier, sind die denkbar häßlichsten Geschöpfe zu Hause. Selbst an der Höllenpforte würden sie wegen ihrer Häßlichkeit abgewiesen, stellt Mephisto erschüttert fest. Seine Abrechnung mit der verhaßten Antike ist ästhetischer Art. Er gleicht sich den drei Häßlichkeiten an, drückt ein Auge zu und verzieht sein Maul, so daß man nur mehr einen Zahn sieht. Die Umgestaltung zu Phorkyas, Helenas häßlicher Gegenspielerin, ist perfekt.

Mondscheinsonate für einen kleinen Menschen: die Homunculushandlung

Wagner, Fausts zurückgebliebener Stubengelehrter, weiß nichts von Fausts neuem Idol, von Schönheit und Sehnsucht, und schon gar nichts von Sex. Der ist ihm zu primitiv: »Wenn sich das Tier noch weiter dran ergetzt,/ So muß der Mensch mit seinen großen Gaben / Doch künftig höhern, höhern Ursprung haben.« Und diesen erhabenen Ausgangspunkt sieht er im Laboratorium. Während Faust Helena sucht, wildert Wagner in der Wissenschaft. Rußgeschwärzt sitzt er vor einem Glaskolben, in dem sülzige Masse pulsiert. Hinter ihm Mephisto, der ihm ein wenig hilft: »Es wird ein Mensch gemacht«, so »wollen wir des Zufalls künftig lachen«, verheißt Wagner. Dann klingelt das Glas, es trübt und klärt sich dessen Inhalt und siehe! Da regt sich »in zierlicher Gestalt ein artig Männlein ... Was wollen wir, was will die Welt nun mehr?«

Das Wesen, das hier entsteht, bekommt keinen Namen, sondern eine Bezeichnung: Homunculus, Menschlein. Nach und nach erfahren wir, er ist ein selbstbewußter, zu Geist und Spott neigender, manchmal allwissender Kobold in der Flasche. Seine Allwissenheit ist wohl der Grund, wieso Mephisto die verfallene Vertragsstätte besucht (wo im Gänsekiel noch geronnenes Pakt-Blut steckt). Homunculus röntgt Fausts Innenleben und sieht, was der Schlafende träumt: wie Zeus in Gestalt des berühmten Schwans auf Leda kommt – die Zeugung Helenas (und wohl meistdargestellter Geschlechtsakt der Kunstgeschichte). Mephisto sieht nichts, denn Faust träumt außerchristlich.

Des Minimenschen Diagnose: Wenn Faust nicht auf der Stelle nach Griechenland gebracht wird, wird er sterben. Auch Homunculus will hinaus, weg aus seines Vaters enger

Klause. Je weiter er herumkommt, so hofft er, desto eher findet sich das fehlende Tüpfchen auf dem i: So nennt er das mangelnde Element für die angestrebte Materialisation. Vor allem gilt seine Existenz dem »tätig sein«. Da ist er Fausts und natürlich ebenso Mephistos Nachfahre, den er vielsagend »Vetter« nennt.

Wie ein Flugzeugscheinwerfer leuchtet die fliegende Flasche den Landeplatz über Thessalien aus, wo das Dreigespann niedergeht. Gewichtlos schwebt Homunculus umher, zunächst das Gelände erkundend. Er muß feststellen, daß hier nicht alles eitel Harmonie ist. »Ich ... möchte gern im besten Sinn entstehn,/ Voll Ungeduld, mein Glas entzweizuschlagen;/ Allein, was ich bisher gesehn,/ Hinein da möcht' ich mich nicht wagen.« Das Erdbeben, das eben noch tobte, hat ihm eine gehörige Skepsis eingeflößt. Jetzt sucht er nach Anaxagoras und Thales, vielleicht können sie ihm weiterhelfen. Doch die beiden Herren sind so sehr im Disput, daß zunächst keiner den Flaschengeist wahrnimmt.

Jeder der beiden betont sein und nur sein Glaubensbekenntnis: Anaxagoras das Feuer, dessen und des Steines unterirdische Macht, und wie sich beide im Erdbeben als schöpferisches Element der Gewalt manifestieren; Thales hingegen preist den Ozean, das Fließende, das Feuchte, das Urelement des Lebens. Selbst »im Großen ist es nicht Gewalt«. Obwohl Goethe sich auf der Seite des Thales sieht, läßt er ausgerechnet ihn zum Ignoranten werden. Selbst die »Knallkraft« eines herabstürzenden, von Homunculus ausführlich kommentierten Meteors ignoriert er: »Es war nur gedacht.« Während sich Anaxagoras vor Schreck und Bewunderung zu Boden geworfen hat, geleitet Thales seinen neuen Schützling hinab durch die Ebene an die Ägäis, denn hier in den Buchten findet ein Meeresfest statt.

Es scheint, als wolle Thales seinem Lehrgebäude den Richtigkeitserweis liefern. Dieses Fest ist in der Tat von einer so bunten Leichtigkeit, daß man versucht ist zu glauben, Anaxagoras befleißige sich einer völlig unangemessenen Sehweise, er bete »nur« die krude Realität an, Thales aber das Paradies, das uns doch viel wichtiger ist. Hier und sonst nirgends soll sich Homunculus verkörperlichen.

Der Dichter entwickelt wieder einmal große, eigentlich nur im Kino aufführbare Bilder: eine weit ruhende vom Wasser beherrschte Landschaft, Meernymphen, mythische Wasserwesen (Nereiden, Doriden und Tritonen), Wassergötter (Kabiren), die auf Schildkrötenpanzern übers Wasser getragen werden, Seepferde und Meerdrachen, Meerkälber, Meerwidder, kunstfertige Meerdämonen (die Telchinen), allerlei zauberkundiges Volk aus Rhodos und Kreta (Psyllen und Marsen). Thales fragt Nereus, den greisen Meergott, ob er helfen könne, denn: »Der Knabe da wünscht weislich zu entstehn.« Doch Nereus, Vater der Nereiden und Doriden, ist zu übellaunig gegen die Menschen und auch zu nervös. Denn zum Fest erscheinen nicht nur seine zahllosen Kinder, sondern seine Lieblingstochter Galatea – im Muschelwagen der Venus.

Er schickt Homunculus und den Naturphilosophen zu Proteus, dem ewig sich wandelnden Meergott. Thales weiß, Proteus ist ein Schalk, ihm nahezukommen wird nicht einfach sein. Aber Proteus »ist neugierig wie ein Fisch«. Als er Homunculus sieht, kann er nicht anders als nähertreten, um – als Riesenschildkröte getarnt – das leuchtende Objekt in Augenschein zu nehmen. Thales indes duchschaut den Trick und verhüllt den Leuchtkörper. Proteus solle sich zunächst auf »menschlich beiden Füßen« zeigen. So tritt er in schöner Gestalt vor die beiden Bittsteller. Und Thales entschleiert das »leuchtend Zwerglein«

mit den heiter-charmantesten, kabarettistisch anmutenden
Worten:

> »Es fragt um Rat und möchte gern entstehn.
> Er ist, wie ich von ihm vernommen,
> Gar wundersam nur halb zur Welt gekommen...
> Bis jetzt gibt ihm das Glas allein Gewicht,
> Doch wär' er gern zunächst verkörperlicht.«
> Daraufhin Proteus staunend zu Homunculus:
> »Du bist ein wahrer Jungfernsohn,
> Eh' du sein solltest, bist du schon!«
> Thales (leise):
> »Auch scheint es mir von andrer Seite kritisch:
> Er ist, mich dünkt, hermaphroditisch.« (8246 ff.)

Proteus weiß, was für den Zwitter richtig ist. Statt des
Erdetreibens, das immer nur »Plackerei« bleibe, solle sich
der Entstehungswillige als Umwelt den Ozean erwählen.
Denn »dem Leben frommt [nützt] die Welle besser«. Und
Thales fügt hinzu, im Wasser werde er nach ewigwähren-
den Gesetzen durch abertausend Formen schreiten. »Und
bis zum Menschen hast du Zeit.« Proteus beurteilt da die
Menschwerdung anders:

> »Beliebig regest du dich hier;
> Nur strebe nicht nach höheren Orden:
> Denn bist du erst ein Mensch geworden,
> Dann ist es völlig aus mit dir.« (8329)

Er verwandelt sich in einen Delphin, nimmt den Existenz-
sucher auf seinen Rücken und schwimmt hinaus. Draußen
erreicht Nereus' schönste Tochter Galatea gerade mit rei-
chem Gefolge die Bucht. Sie ist symbolisch nicht ohne wei-
teres identifizierbar, doch stellt ihr Bild so etwas wie die
dem Wasser erstandene Göttin der Schönheit dar. Alle

Mythenwesen des Wassers säumen ihren Zug, selbst gestrandete Seeleute, von Doriden zärtlich umschwärmt, sind dabei, und sie sagen: »Wir haben's nie so gut gehabt.« Homunculus, bislang auffallend still (plagen ihn Zweifel oder Ängste?), bekennt, hier sei alles hold und schön und reizend. Und je näher er dem Muschelwagen kommt, um so mehr erwächst in ihm die Liebe zur schönen Galatea. Seine zerbrechliche Hülle, eine Hülle der Künstlichkeit, zerschellt am Gefährt der Schönen. Aber wie wunderbar! Die Flamme erlischt nicht etwa zischend im feindlichen Wasser, sondern erhellt weiter und weiter die Wellen ringsum. Es ist Goethes Lebens- und Evolutionscredo, wenn er das Menschlein auf dessen Werdegang ins Meer ziehen läßt, denn:

> »Alles ist aus dem Wasser entsprungen!
> Alles wird durch das Wasser erhalten!
> Ozean, gönn uns dein ewiges Walten.
> Wenn du nicht Wolken sendetest,
> Nicht reiche Bäche spendetest,
> Hin und her nicht Flüsse wendetest,
> Die Ströme nicht vollendetest,
> Was wären Gebirge, was Ebnen und Welt?
> Du bist's, der das frischeste Leben erhält.« (8435 ff.)

Mit diesem Standpunkt schließen wir beruhigt dieses Kapitel heiterer Nachdenklichkeiten und wenden uns der Helena-Handlung zu, die uns Homunculus ankündigte, denn er trifft ja auf den Wagen Galateas, des Inbegriffs von Schönheit und Eros. Homunculus und Galatea begegnen uns also im übertragenen Sinn wieder im dritten Akt als Faust und Helena.

Helenas Sein oder Nichtsein
(Dritter Akt)

Im Stil der antiken Vorlage stellt sich Helena sechshebig im jambischen Trimeter vor: »Bewundert viel und viel gescholten, Helena,/Vom Strande komm' ich, wo wir erst gelandet sind.« Sie hat das zerstörte Troja verlassen und ist an Menelaos' Seite, mehr dessen Gefangene als dessen Ehefrau, nach Sparta zurückgekehrt. Hier, so erinnert sie sich, raubte sie der Trojaner Paris – Anlaß für den berühmtesten Krieg der Weltliteratur.

Viel ist geschehen, viel wird erzählt; sie hört es nicht gern, denn aus den Erzählungen, deren Gegenstand sie ist, sind »Märchen« geworden. Wie mächtig diese Märchen sind, wird sich noch zeigen. Ihrem Gefolge aus gefangenen, gleichwohl frischfrohen Troerinnen sind Helenas Einsichten fremd, denn ihre Herrin genieße den Ruhm der Schönheit, also höchsten Ehrenbesitz; selbst der »hartnäckigste Mann« beuge vor ihr das Knie, wie das dann auch Faust tun wird. Doch die Schwanentochter, sehr wohl um ihre Schönheit wissend, definiert sich ungeachtet ihrer bewußt gelebten Weiblichkeit in erster Linie als Königin.

Auf Geheiß ihres finsteren Gemahls soll sie das Anwesen inspizieren, das Dienstpersonal in Augenschein nehmen, sich von der Schaffnerin, einer Art Chef-Haushälterin, die reiche Sammlung an Schätzen zeigen lassen. Alles werde seine ehrwürdige Ordnung haben, denn ebendies sei das Privileg des Fürsten, daß er nach langer – gemeint ist: kriegerischer – Abwesenheit zurückkehrend alles wie gehabt vorfände. Darüber hinaus solle die Heimkehrerin die Opferutensilien für das heilige Fest bereitlegen, auch den Dreifuß, die Kessel und die Schalen, die Krüge, das Holz und »nicht zuletzt« ein »wohlgeschliffnes Messer«. Alles habe Menelaos genannt, bemerkt Helena, nur eines nicht: das Opfergut. Doch was bietet sich ihren Blicken, als sie das elterliche Haus betritt? Leere, Leblosigkeit, Verlassenheit.

Diese Öde gleichsam zu vertiefen, sitzt reglos am verglommenen Herd »eingefaltet« Mephisto in Gestalt der Phorkyas. Die verhüllte, mächtige Frauengestalt tritt der Schönen »hohlen, blutig-trüben Blicks« entgegen. Helena flüchtet ins Freie. Draußen im Hellen, im Gefilde des Sonnengottes, werde sich das Monstrum, nicht zeigen. Aber natürlich zeigt sich das Monstrum und die Sonne Spartas bescheint beide: die absolute Schönheit und die absolute Häßlichkeit, von der der Chor als »unsäglichem Augenschmerz« spricht – vielleicht die kürzeste Definition von Häßlichkeit. Den Worten der flatterhaft aufgebrachten Troerinnen entgegnet die Abscheuliche mit dem bissigen Hinweis, »Scham und Schönheit« würden sich, wie man sehe, niemals zusammen zeigen, was zumindest gegenüber Helena nur böse ist, denn von Schamlosigkeit bei der liebreizenden Zeustochter zu sprechen ist wohl bloß wegen der Nähe zu solcher Scheußlichkeit möglich.

Ein Streit zwischen Chor und Phorkyas beginnt und wird wütend ausgetragen. Es ist nicht nur ein Streit, sondern ebenso ein Wettstreit um die fieseste Beleidigung des Gegners. Helena, ganz selbstbewußte Würde, macht der großartigen Schimpfkanonade ein Ende. Doch die im Zank erwähnten urmythischen Figuren erwecken in Helena dunkle Erinnerungen. Ihr ist, als habe sie diese längst Verstorbenen persönlich gekannt, wieder regt sich in ihr die Angst, nicht wirklich zu sein. Helenas ahnende Ruhelosigkeit, ihren Schmerz, weiß Phorkyas zu vertiefen, indem sie behauptet, man habe sie »in Troja gesehen und in Ägypten auch«. Nach einer Nebensage erschuf Hera ein Luftgebilde

Helenas, welches Paris nach Troja entführte, während die echte Helena in Ägypten lebte. Die Göttliche verliert sich fast, sie spürt, daß Phorkyas' Worte nicht frei erfunden sind. Wer ist sie? Diese oder jene? Nun erwähnt Phorkyas die Geschichte mit Achilles, die berichtet, er sei aus dem Totenreich emporgestiegen und habe sich mit der gleichfalls Toten voller Leidenschaft verbunden. Auch daran erinnert sich Helena. Mit einem Mal wird der Mythenschönheit bewußt, daß sie mehrere – weil erzählte! – Existenzen hat, daß sie nur ein Bild, ein Idol ist, das sich dem Idol Achilles verband. Sie weiß, die Verbindung zu Achilles stimmt, sie weiß zugleich, es war ein Traum. Ist sie oder ist sie nicht? »Ich als Idol, ihm dem Idol verband ich mich«, sie wird sich selbst zum Idol, zum Bild. Das geht über ihre Kräfte. Die Sinne verlassen sie, sie sinkt in Ohnmacht.

Als sich Helena von ihrer Ohnmacht erholt hat, wendet sie sich ihren Religionspflichten, den Opferhandlungen zu. Alles sei bereit, erklärt Phorkyas lauernd. »Und das zu Opfernde?« fragt Helena. Die Überhäßliche triumphiert. »Königin, du bist gemeint!«

Und die flegelhaften Gören ihres Gefolges, die würden wie Vögel an langen Hälsen reihenweise am Giebelgebälk des Hauses aufgeknüpft. Allseitige Erschütterung. Doch ist die schadenfrohe Häßliche auch Fausts dienstleistender Vasall. Und Faust will Helena. Es gebe Rettung, spricht also Phorkyas. Während Helenas kriegswütiger Gatte ganze zwanzig Jahre plündernd von Insel zu Insel gezogen sei, sei nicht nur das Herrscherhaus völlig heruntergekommen, sondern hätte in Spartas Norden, ein »kühn' Geschlecht« sich unbehelligt ansiedeln können. Dessen Herrscher habe einen Staat gegründet und »eine unersteiglich feste Burg sich aufgetürmt«. Helena stellt nun ihre, die Helena-Frage: »Wie sieht er aus?« – eine ganz andere Frage als jene der

Geliebten des ersten Teils. Margarete fragte fundamental fremdbestimmt nach Fausts Glauben, Helena fragt ästhetisch kultiviert nach Fausts Äußerem. Das ist lang nicht so platt oder gar anrüchig, wie wir vielleicht glauben, denn der Antike bedeutet das Äußere das Abbild des Inneren.

Phorkyas lobt gewissenhaft. Doch dann schildert sie Fausts mittelalterliche Burg. Die Mädchen hören gebannt zu, vergessen ist der Streit, Phorkyas weiß auch zu schön von dem Neuschwanstein in Sparta zu erzählen: »Säulen, Säulchen, Bogen, Bögelchen, Altane, Galerien ... und Wappen.« Der Chor der Mädchen sofort und fasziniert: »Was sind Wappen?« Mit großer pädagogischer Hingabe erklärt Phorkyas/Mephisto das mittelalterliche Kultobjekt, das die Antike noch nicht kannte. Dann zaubert er Nebel über alle. Und als sich der hebt, steht Helena und ihr Gefolge im Inneren von Fausts Burg.

Siegertyp und Schönheitskönigin: Faust und Helena

Die Annäherung der beiden erfolgt auf mehreren Wegen. Den ersten Schritt macht Faust auf ziemlich martialische Art. Er setzt Helena den Turmwächter Lynkeus in Ketten vor. Sie solle über den Versager urteilen, Tod oder Leben. Er hat das Nahen der Halbgöttin übersehen. Lynkeus (Luchsauge) erklärt schlicht, er sei geblendet worden von ihrer Schönheit. Helena ist nicht geschmeichelt. Im Gegenteil, sie beklagt, daß ihre Schönheit soviel Verderben bringe. Sie ist wirklich sehr edel. Natürlich begnadigt sie den Späher.

Der schenkt ihr weniger aus Dankbarkeit, mehr aus Bewunderung seinen riesigen, in allerlei Kriegszügen errafften Schatz. Faust gibt sich als Gentleman homerisch, versucht sich in Helenas Sprache des sechshebigen Jambus – schafft aber vor Aufregung gerade mal fünf Hebungen. Helena ganz Frau von Welt – sie ist eben kein Helenchen, geschweige denn Gretchen – paßt sich ihrerseits Fausts Redeweise an. Sie versteht es, sich weglocken zu lassen, weg aus der Antike, hin zum Neuen.

Faust schwärmt für sie wie ein Minnedichter, was bei ihm, der immer etwas übertreibt, ein wenig lächerlich wirkt (was Goethe allerdings nicht beabsichtigte): »Was bleibt mir übrig, als mich selbst und alles,/ Im Wahn das Meine, dir anheimzugeben?/ Zu deinen Füßen laß mich«, und so weiter. Er küßt ihre Hand, was ihr reichlich seltsam vorkommen muß, denn das machte man erst beginnend mit dem spanischen Hofzeremoniell des ausgehenden 16. Jahrhunderts.

Dann spricht Helena, und hier entfaltet sich ihr großer Liebreiz, ihr sehr seltsamer Charme aus erwachsener Zurückhaltung und kindlicher Zuneigung. Sie bezieht sich auf Lynkeus. Seine Rede habe ihr gefallen, weniger der Inhalt als vielmehr der Ton, der von einer unbekannten schmeichelnden Freundlichkeit sei, als wären die Worte allein fürs Ohr bestimmt, als ob sich diese gegenseitig liebkosten: »So sage denn, wie sprech’ ich aus so schön?«

Lynkeus hat in Reimen gesprochen. Das hat Helena noch nie gehört. Der Reim am Versende kommt erst knapp dreitausend Jahre nach Helena auf den Kunstmarkt. Faust lehrt sie. Und leicht lernt Helena, natürlich und amüsant, dieses Reimen. Die Wortharmonie vor der Liebesharmonie. Ihr Gefolge stimmt einen alten Gesang an. Es ist der altgriechische »Hymenaios«, das Lied der Brautjungfern vor der Hochzeitsnacht. Schon wandelt sich der Thron der beiden in eine Liegestatt. Das Liebesspiel der beiden bleibt jedem sichtbar. Goethe selbst sagte, hier träfen sich die

Klassik aus Weimar und die Romantik der neuen, jungen Dichter, die das Mittelalter liebten. Jedenfalls wird Helena nicht umgetopft, um aus Liebe zur abendländischen Welt vielleicht weiterzuwachsen.

Schnelles Leben, kurzes Glück: Euphorion

Phorkyas meldet das Nahen des Ex-Gatten Menelaos. Doch Faust hat vorgesorgt, seine Anhänger – bestehend aus Goten (Spanier?), Franken (Franzosen?), Sachsen (Engländer?), Normannen (Italiener?) und Germanen (Deutsche?) – machen, zackig organisiert und mit Explosionsmaterial gerüstet, Menelaos ein schnelles Ende. Fortan gehört der gesamte Peloponnes dem mittelalterlichen Abendland.

Aus dem hohen Burghof ist ein schattiger Hain geworden. Allerlei Vegetation und dichtbewachsene Felsenwände. In den weitverzweigten Höhlen leben und lieben sich Faust und Helena. Alles ist von weltabgewandter Harmonie, so sehr, daß dem Gefolge der Troerinnen langweilig geworden ist. Man lebt in Arkadien, dem Land der Glückseligkeit.

Sind wir im Handstreich zum Erbe einer weit zurückliegenden Kultur geworden? So einfach, Herr Goethe? Nein, sagt er ... Längere Pause. Dann fragt er leise: Ist die Helena-Handlung nicht eine Phantasmagorie? Wüßten wir auch gerne, geben wir zurück. Ein Zeitgenosse Goethes, der Regisseur Carl von Holtei, wollte zu diesem Blitzkrieg mehr wissen. Was lag näher, als den 79jährigen Dichterfürsten selbst zu fragen. »Ja, ja, Ihr guten Kinder«, antwortete die Exzellenz, »wenn Ihr nur nicht so dumm wäret!« Und ließ den dreißigjährigen Frager stehen.

Selbst Phorkyas hat ihre Rolle der Übelredenden vergessen.
Sie erzählt den Neugierigen von Helenas und Fausts seltsa-
mem Sprößling; der sei – kaum auf die Welt gekommen –
»wie ein Ball« zum Leidwesen der besorgten Eltern umher-
gesprungen, hoch bis zur Decke. Er trage »blumenstreifige
Gewande«, die ihm gut stünden, und schlage die »goldne
Leier«. Um seinen Kopf leuchte es; schwer zu sagen, ob es
ein Goldschmuck oder eine Flamme sei.

Es ist Euphorion, Nachkomme einer euphorischen Leidenschaft. Er selbst bezeichnet sich als den »künftigen
Meister alles Schönen«. Und als aus der Höhle sein Saiten-
spiel dringt, ist selbst Phorkyas gerührt. Endlich betritt er
das Gelände: »Nun laßt mich hüpfen/ Nun laßt mich
springen!/ Zu allen Lüften/ Hinaufzudringen,/ Ist mir Begierde,/ Sie faßt mich schon.« Die Eltern rufen zur Mäßi-
gung. Doch es ist, als wollte man ein pulsierendes Herz am
Schlagen hindern. Er mischt sich unter den Mädchenchor,
fordert zum Tanz auf, und alle tanzen. Immer wilder wird
er, und er faßt die Wildeste, hebt sie lüstern hoch, will sie
gefügig machen, sie sträubt sich, »flammt auf und lodert in
die Höhe«. »Folge mir«, ruft sie ihm zu. Der brennende
Euphorion schüttelt die Flammen ab und springt felsauf:
»Immer höher muß ich steigen,/ Immer weiter muß ich
schaun.« Jetzt erst entdeckt er, wo er ist: Ein idyllisches
Gefängnis ist dieses Arkadien.

Es gibt eine Welt außerhalb. Unten am Meeresufer ist
Krieg. Das ist ihm der rechte Ort, ihm dem Poeten!
Verzweifelt rufen die Eltern hinauf: »Sind denn wir/ Gar
nichts dir?/ Ist der holde Bund ein Traum?« Nicht nur der
Krieg ist's, der ihn bannt und nicht losläßt, es ist die Sucht
nach dem Hohen, dem großen Erleben. Euphorion ist
Fausts Sohn, er ist aus sich und gegen seinen Willen: ge-
drängt. Er kann und will nicht anders. »Und der Tod/ Ist

Gebot.« Seine Leidenschaft verleiht ihm Flügel, er hebt die Arme, er wirft sich in die Luft, schwebt einen Augenblick, sein Haupt erstrahlt, er stürzt, ein Kometenschweif zieht nach.

Vor Helenas und Fausts Füßen liegt die Gestalt des Toten, doch sogleich entschwindet der Körper, nur seine Blumengewänder und die Lyra bleiben zurück. Aus der Unterwelt ruft der Jüngling nach seiner Mutter. Helena will ihm folgen, sie sagt ihrem Gatten, der gemeinsame Sohn habe durch seinen Tod das Band des Lebens und der Liebe zerrissen. Sie umarmt ihren Mann, bittet die Göttin der Unterwelt um Aufnahme und entschwindet. In seinen Händen hält Faust Kleid und Schleier der Geliebten. »Halte fest, was dir von allem übrigblieb«, ruft Phorkyas.

In den Jahren 1821 bis 1827 tobte der Freiheitskampf der Griechen gegen die türkischen Besatzer. Lord Byron (1788 bis 1824), der Dichter des Lebensüberschwangs und der Melancholie, geht auf den Balkan, um sich am Unabhängigkeitskampf zu beteiligen, und stirbt an den Folgen eines Fiebers. Er ist Euphorion, ihm gilt der Trauergesang, den Helenas Chor anstimmt. Goethe hatte großes Interesse an seinem jungen Kollegen. Erstens schätzte er ihn als Dichter; etwas von oben herab erklärte er einmal: »Byron allein lasse ich neben mir gelten!« (zu Kanzler v. Müller, 2. 10. 1828), zweitens konnte er dem Himmelsstürmer Byron gut nachempfinden, der als leibhaftiger Werther am eigenen jugendlichen Überschwang und am Mangel an Selbstkontrolle scheiterte. Euphorion ist indes keine Erfindung Goethes, um Byron ein Denkmal zu setzen. In der Sage dürfen Achill und Helena ein zweites Mal leben (was Faust weiß). Ihren gemeinsamen Sohn, den geflügelten Euphorion, tötete der bisexuelle Zeus mit einem Blitzstrahl, weil der ihm nicht gefügig sein wollte.

Auch wenn die Göttin entschwunden sei, das Göttliche verbleibe und trage Faust über das Gewöhnliche hinaus. Helenas Kleider verwandeln sich in Wolken, umhüllen den Verlassenen und heben ihn in die Höhe.

Doch der Vorhang fällt noch nicht. Helenas Chor weigert sich, der Herrin in den Hades zu folgen um dort, in den sonnenlosen Höhlen der Unterwelt, eine »fledermausgleiche« Existenz zu führen. Die Sängerinnen werden zu Naturnymphen und leben fröhlich und unreflektiert das Leben weiter. Wie in der antiken Tragödie folgt nun das lustige Satyrspiel. Die Weinbergsnymphen feiern ein Weinfest, ihren Dionysoskult, es ist eine Orgie aus Sex und Alkohol. Jetzt fällt der Vorhang. Phorkyas tritt in riesenhafter Gestalt vor, legt Verkleidung und Maske ab und zeigt sich als Mephistopheles wieder. Alles also ein Traumtheater im Theaterstück FAUST.

Neue Taten: Faust leicht faustisch
(Vierter Akt)

Über die Spitzen des Hochgebirges zieht eine Wolke heran und läßt sich auf einer Felsplatte nieder. Sie teilt sich und entläßt den Passagier Faust. Nach einem Leben in Schönheit und Liebe erwartet unseren Heimkehrer ein steinkalter Norden mit Revolution und Krieg. Vorerst aber ist der Fluggast noch im Vergangenen verhaftet. Er denkt an die Geliebte und betrachtet die vorbeiziehenden Wolken. Sie nehmen Gestalt an.

Er erkennt Großmutter, Mutter und Kind, eine Ahnengalerie liebender Frauen, zunächst Hera, die Göttin der Ehe, dann Leda, mit der Heras Gatte Zeus sein Schwanentreffen hatte, und schließlich Helena, der Liebesbeweis dieser Begegnung. Dann ist ihm, als umgarne ihn der Schleier einer Frau. Eine kleine Wolke. Sie umschwebt ihn, sie schmeichelt ihm und läßt nur zögernd von ihm, steigt hoch und höher und fügt sich gleichermaßen zu einem Bild zusammen. Genaues kann er nicht erkennen, doch erwächst ihm die Erinnerung früher Tage. Ihm ist, als entwickelte sich dieses Dunstgebilde zu wachsender Schönheit, er erblickt ein real gewordenes Abstraktum: die Seelenschönheit. Das kann nur Margarete sein. Das Beste seines Inneren zieht sie ihm hervor und trägt es fort. Das ist auch gut so, denn mit Liebe und Schönheit wird nun abgeschlossen. Und wenn das ewig Weibliche am Ende sein Unsterbliches himmelwärts ziehen wird, ist das unverdientes und unerklärliches Privileg.

Mit Siebenmeilenstiefel beschuht, trifft Mephisto ein, wie die Regieanweisung vermerkt. Was Faust hier suche, will er wissen, hier im Revier der Unterwelt. Wieso Unterwelt hier auf dem Felsmassiv, fragt Faust. Mephisto erklärt, die Bergwelt sei nichts als eine Ausstülpung der Hölle. Die Teufel hätten den Druck da unten nicht mehr ausgehalten und – per Vulkanausbruch – das Erdinnere maulwurfsgleich aufgeworfen. »Denn wir entrannen knechtisch-heißer Gruft/ Ins Übermaß der Herrschaft freier Luft.« Das ist zwar schlechtes Deutsch aber große Goethe-Philosophie. Denn, so Goethe/Faust, Vulkanausbrüche sind unnatürliche Natur, zumindest lebensfeindliche, das Leben brauche keine Eruptionen, es entsteht aus Evolutionen. Mephisto hat keine Lust zu streiten, er bringt es auf den Punkt. Alles hier, die ganze Welt, ist nicht nur Gottes-, sondern auch Teufelsschöpfung: »Natur sei, wie sie sei!/ 's ist Ehrenpunkt: der Teufel war dabei.«

Was aber nun? Faust wartet auf Vorschläge, und Mephisto macht wieder den Fehler, seinem Auftraggeber ein komfortables Genußleben mit Lustschloß, Wasserspielen in Gartenanlagen, Wäldern, Wiesen und Feldern vorzuschlagen, dazu noch Liebeslauben mit schönen Frauen. Natürlich wehrt Faust ab, er ist doch nicht jener ausschweifend lebende assyrische König Sardanapal, den schon Platon in seiner NIKOMACHISCHEN ETHIK verurteilte. Nach den Zeiten der Liebe und Wärme gelüstet es unseren deutschen Tatmenschen nach ...

Nach »großen Taten«. Heinrich hat wieder seinen Faust-Koller: »Die Tat ist alles.« Bei Betrachtung des Meeres sieht er, wie die Wellen gegen das Ufer anstürmen, wie sich diese Prozedur in sinnlosem Stolz wiederholt. Er will »das herrische Meer vom Ufer« ausschließen. So etwas wie die Landgewinnung der Holländer schwebt ihm vor.

Krieg und Kriegsgewinn: Wie wird man Landesvater?

Während Mephisto Faust von oben die Welt unten zeigt, um ihm das Lustleben, aber auch die Lebenslust schmackhaft zu machen, ertönt unten Kriegsmusik. Nach der Einführung des Papiergeldes haben Kaiser, Kamarilla und die Kirche ein Leben in Saus und Braus geführt – statt den Wert des Geldes einzuwirtschaften, wie das Mephisto ja empfohlen hatte –, haben das »Reich in Anarchie« versinken lassen: jeder gegen jeden, Mord und Totschlag. Irgendwann war das »den Besten allzutoll./ Die Tüchtigen, sie standen auf mit Kraft/ Und sagten: Herr ist, der uns Ruhe schafft.« Der Kaiser hat sich in eine bergige Gegend zum vielleicht letzten Gefecht zurückgezogen. Das jammert Fausten, er mochte den Kaiser, der war »so gut und offen«.

Faust, der sich noch ein paar Verse zuvor als Kriegsgegner erklärte (»Schon wieder Krieg! Der Kluge hört's nicht gern.«), tritt nun an des Kaisers Seite. Mephisto hat allerlei Theaterrüstungen mobilisiert, die er unbemannt dem Bedrohten zu Hilfe schickt. Hinzu gesellen sich die drei Gewaltigen: Raufebold, die Angriffslust, Habebald, die Raffgier und Haltefest, die Besitzgier. Auf des Kaisers Frage, wem die unerwartete Hilfe zu verdanken sei, antwortet der helmbewehrte – also unerkennbare – Faust, daß jener Nekromant (Totenbeschwörer) von Norcia, den der Kaiser einst per Begnadigung vor der Hinrichtung errettet habe, sich in die Pflicht genommen fühle. So werde er mit Zauberei das Kriegsgeschick zu des Herrschers Gunst wenden. Der Kaiser hofft, er werde seine Niederlage durch ein Duell mit dem Gegenkaiser vermeiden.

Nachdem seine Duellforderung höhnisch zurückgewiesen wurde, legt er den Oberbefehl in die Hände seines höchsten Generals. Nun werden die drei Gewaltigen zum Einsatz befohlen, die ganze Arbeit leisten. Ein alttestamentarischer Posaunenschall aus Mephistos Trickkiste sorgt zusätzlich für Konfusion, seltene doch natürliche Naturerscheinungen wie Luftspiegelung und Elmsfeuer helfen mit. Noch ist das Schlachtenglück nicht entschieden, der Kaiser wird hysterisch. Nun schickt Mephisto Odins Raben los – und verlangt den Oberbefehl, was den Kaiser und seinen pikierten General schaudernd ins Zelt treibt, wo sie den Sieg abwarten. Mittlerweile haben Wassernymphen unter Undines Herrschaft ganze Kaskadenströme über das feindliche Heer geschüttet. Das Zwergenvolk der Bergwerke läßt Feuerwerkskörper los, hohle Ritterrüstungen machen ein unheimliches Getöse. Und plötzlich:»Kriegstumult im Orchester, zuletzt übergehend in militärisch heitre Weisen.« Der Gegenkaiser ist besiegt.

Der gerettete Kaiser hat einige seiner Fürsten um sich versammelt, sie sollen mit Amt und Würden für ihre Treue belohnt werden. Er spricht hochoffiziös in Alexandrinerversen, der Redeweise barock-höfischer Dichtung. Doch wie sehr entblößt er sich! Er gleicht einem Budenbesitzer, der vorgibt, einem renommierten Opernhaus vorzustehen. Die gestelzte, abgelebte Sprache des Hofzeremoniells beherrscht der Kaiser nur mangelhaft. Ein Formalitätengetue ohne Basis und ohne Glaubwürdigkeit. Raffinierter und schneidender hat Goethe diesen Kasper-Kaiser nicht demaskieren können. Albrecht Schöne schreibt im Faust-

Betrachtungen eines Unpolitischen? – Goethe und die Französische Revolution

War Goethe politisch? Nein. War Goethe unpolitisch? Nein. »Regieren« lautet ein Ausruf seiner Tagebuchnotizen, als er 27jährig seine Tätigkeit als Minister in Weimar aufnahm. Da wurde entschieden, welche Holzfuhren eine Gemeinde der anderen zu leisten hatte, da wurde Finanz- und Bildungspolitik gemacht und der kleine Umgang mit den Großen (Österreich und Preußen) besprochen. Es war jenes tätige Leben, das Goethe immer hochgehalten hat, das ihn zehn Jahre enorm viel Mühe und Energie kostete. Er sah die Fehler des Systems, an Veränderungen und Korrekturen dachte er oft. Obwohl der Feudalismus vielerorts – auch in Sachsen-Weimar – abgewirtschaftet hatte, kam dem Abkömmling der freien Stadt Frankfurt ein Infragestellen des gesellschaftlichen Systems nicht in den Sinn. Es ist indes nicht so, daß Goethe die Fehler des Establishments übersah oder großmütig verzieh. Er war auch kein Religiöser im damals geläufigen Sinne, wonach der Ständestaat als gottgewollt betrachtet wurde. Das Wetterleuchten der Französischen Revolution, die Halsbandaffäre von 1785, jener

Kommentar, man habe fast sechzig Fehler oder Unregel-
mäßigkeiten in den 194 Alexandrinerzeilen gezählt.

Und Faust? Er hat sein Ziel erreicht, der Kaiser hat ihm
das gewünschte Meeresufer überschrieben. Hier wird er ein
eigenes Reich erschaffen – nicht das schlechteste –, aber erhalten und getragen von verbrecherischen Methoden.

Korruptionsskandal, der Frankreichs Monarchie bis in die
Grundfesten erschütterte, waren Goethe bekannt und gaben ihm Anlaß zu tiefer Besorgnis. Goethe aber blieb ein
Konservativer im Sinne von Konservierung des Gegebenen –
nicht aus Bequemlichkeit, sondern aus Behutsamkeit. Er
hob die Aristokratie nicht in den Himmel, er hielt sie nur für
eine funktionsfähige Herrschaftsform. Die Französische
Revolution aber kam ihm vor wie ein Erdbeben, das nichts
mehr von dem stehenließ, was einmal war. Jede Ordnung
(und Goethe war ein Ordnungsmensch) verlor sich in den
Wirren der neunziger Jahre. Das Bürgertum war, zumindest
aus Goethes Sicht, von einer Machtübernahme weit entfernt. Macht hatte die Anarchie, die Korruption, die vor-
schnelle Verurteilung und die Guillotine. Die großen eman-
zipatorischen Ideen, für die uns heute die Französische
Revolution steht, gab es nur auf dem Papier. Einem Anti-
Abenteurer Goethe mußte das blutige Drunter und Drüber
in den Pariser Straßen ein Irrsinn sein. Als Schiller von der
1789er Revolution hörte, entwickelte er wachsende Begei-
sterung. Schiller liebte Paukenschläge, Goethe nicht. Andere schöpften viel kreative Energie aus dieser gesellschafts-
politischen Eruption. Goethe nur wenig.

Faust mal so, mal so
(Fünfter Akt)

Hundert Jahre alt sei Faust geworden, bemerkte Goethe gegenüber Eckermann (6. 6. 1831), wenn man jedoch die Zeiten ansieht, die der Umtriebige durchlebt hat, können wir ihn auf mehrere hundert Jahre schätzen. Faust ist, genau besehen, im 19. Jahrhundert gelandet, ist ein Zeitgenosse Goethes geworden. Vom Kaiser hat er das gewünschte Gestade zur freien Verfügung erhalten, hat riesiges Marschland trockengelegt, das Meer hinter Deiche gedrängt, er hat Siedlungsraum für einige Hunderttausend, vielleicht sogar Millionen geschaffen. Sein Projekt der Landgewinnung hat er gnadenlos vorangetrieben. Knechte – so hören wir – seien bei der Arbeit gestorben. Auch nachts sei gebaut worden, Flämmchen und Feuergluten hätte man gesehen. Nun überblickt ein zurückkehrender Wandersmann von einer Anhöhe die Weite des gewonnenen Territoriums, »ein paradiesisch Bild«, und ist, angesichts dieser neuen Ausbreitung, sprachlos.

Der Staatengründer Faust bewohnt einen Palast in einer Gartenanlage, von der Goethe erklärte, er stelle sie sich von Schinkel, dem klassizistischen Architekten, gebaut vor. Faust also in absolutistischen Umständen à la Sanssouci.

Er hat alles und ist alles, einer der Weltmächtigen, wenn nicht sogar der Größte unter ihnen. Hier im fünften Akt tritt er etwas verspätet auf. Wir sollten zunächst sein Imperium kennenlernen. Und als er uns schließlich entgegentritt, erhebt der Mächtige die Stimme nicht zu großer, ja bewegender Rede. Im ersten Akt des zweiten Teils sagte er noch: »Des Lebens Pulse schlagen frisch lebendig«, im letzten Akt des zweiten Teils vernehmen wir das Geifern eines Hadersüchtigen: »Verdammtes Läuten!«

Eine Philisterwut hat der Große, sie gilt dem Gebimmel einer kleinen Kapelle, die dem uralten Ehepaar Philemon und Baucis gehört, nebst kleinem Häuschen unter alten Linden. Dieses Anwesen will Faust haben, kriegt es aber nicht, weil Baucis, trotz generöser Tauschofferte, bleiben will. Faust spricht schon von seinem verdorbenen »Weltbesitz«. Mephisto, eben von einem der vielen piratischen Unternehmen erfolgreich zurück, soll die Alten verjagen. Bald wird die neue Aussichtsplattform ihm gehören. Und zu was nütze? »Um ins Unendliche zu schaun«, antwortet Faust. Sucht er die Gelehrtenexistenz seiner vormephistophelischen Zeit? Nein, sagt er, er will die Unendlichkeit seines Landes »überschaun mit einem Blick/ Des Menschengeistes Meisterstück«. Mephisto und seine Getreuen führen den Deportationsauftrag gegen die Alten nach ihrer Methode aus, sie ermorden sie und ihren zum Degen greifenden Gast. Dabei »entflammte Stroh. Nun lodert's frei,/ Als Scheiterhaufen dieser drei.« Diese Symbolfiguren der Gastfreundschaft und einer stoischen Idylle mußten sterben. Der Zug der Zeit ist geschäftig und totalitär – eben faustisch – und nicht öko- und betfromm unter Linden mit Kapelle.

In seiner Nähe vernimmt der Großtyrann kaum hörbar die Worte Not und Tod. Vier graue Weiber, Mangel, Schuld (wohl im Sinne von Schulden), Not und Sorge, bemühen sich um Einlaß. Etwas entfernt sehen sie ihren Weggenossen, den Tod, näher kommen. Drei der Vier können dem in jeder Hinsicht reichen Faust nicht nahetreten. Nur die Sorge kann sich durchs Schlüsselloch winden und sich an Fausts Seite stellen. Im Affekt will der den Gast per Zauberspruch hinausbefördern, hält sich aber zurück, er hat genug von der Magie. Ein Großteil seiner Depression geht wohl darauf zurück, daß ausgerechnet er, der Leistungs-

Faust contra Philemon und Baucis

Die traditionellen Germanisten entschuldigen ihren Helden in seiner unrühmlichen Affäre mit Philemon und Baucis mit dem Hinweis, daß er nach dieser Tat den Herrensitz verschmäht und daß er es so nicht gemeint habe. Deshalb verfluche er auch Mephisto. Doch das zählt nicht. Erstens ist nicht ersichtlich, ob Faust seinen Mephisto oder nur dessen Tat verflucht. Zweitens, was nützt es, den Teufel zu verfluchen? Damit triebe man den Teufel mit dem Beelzebub aus. Drittens, fragen wir, bedenkt Faust nicht, wem er den Auftrag erteilt? Die Sache ist die: Er stellt das Ziel vor den Weg. Die Mittel sind ihm recht egal. Wie aber hätte Goethe die Sache gesehen? Vermutlich nicht so kritisch. Seinen Zeitgenossen Napoleon zum Beispiel beurteilte er alles andere als kleinlich. Der war ihm groß, weil er eine faustisch-geniale Verbindung von Geist und Tat verkörpere.

fanatiker, das angestrebte Große immer nur über große, eben magische Tricks erreicht hat. Aber er sagt: »Noch hab' ich mich ins Freie nicht gekämpft.« Steht er immer noch da, wo er anfangs war? Der Gast fragt: »Hast du die Sorge nie gekannt?« Faust antwortet: »Ich bin nur durch die Welt gerannt.« Das Prinzip des tätigen Lebens ist ihm das Höchste, denn »dem Tüchtigen ist diese Welt nicht stumm«. Die Sorge faselt etwas von ihrer lähmenden Macht, aber einem Willenmenschen wie Faust ist nicht beizukommen. So bleibt ihr nur, sich ihn verwünschend zu entfernen. Sie haucht den Starrkopf zum Abschied an, und der erblindet. Das Unglaubliche aber wird wahr: Den kümmert's nicht. Er nimmt ja nicht nur fremde, er nimmt auch die eigene Bedrängnis nicht zur Kenntnis. Das ist in Anbetracht dieser ganz realen Behinderung Fausts letzter Entwicklungspunkt.

»Da war Napoleon ein Kerl! Immer erleuchtet, immer klar und entschieden, und zu jeder Stunde mit der hinreichenden Energie begabt, um das, was er als vorteilhaft und notwendig erkannt hatte, sogleich ins Werk zu setzen.«

Auch wir heutigen sprechen Napoleon gewisse Verdienste zu, Goethe aber ging es weniger um Verdienste als um den bewunderten dämonischen Typus. Napoleon »behandelte die Welt wie (der Klaviervirtuose) Hummel seinen Flügel«, erklärte Goethe. Daß Napoleon »die achthundert türkischen Gefangenen hat erschießen lassen, ist wahr ...«, aber ihm sei nichts anderes übriggeblieben.

Ist es da so weit hergeholt, anzunehmen, daß der Dichter den faustischen Killerauftrag gegen Philemon und Baucis zwar ordnungshalber tadelt, ihn aber eigentlich nicht so schlimm findet? Faust kommentiert eher abgeklärt als betroffen: »Geboten schnell, zu schnell getan!«

Statt seine Blindheit als Brückenschlag ins Metaphysische zu verstehen, glaubt er an neue Unternehmungen: Er hetzt die schlafenden Knechte aus dem Bett, »Mann für Mann«. Sein neuer Plan soll augenblicklich umgesetzt, ein Sumpf, der sich vom Gebirge zum Meer zieht, soll ausgetrocknet werden. Millionen werden neuen Arbeits- und Lebensraum finden. »Daß sich das größte Werk vollende,/ Genügt *ein* Geist für tausend Hände.« Und gerade jetzt sagt er: »Solch ein Gewimmel möcht' ich sehn,/ Auf freiem Grund mit freiem Volke stehn.« Dieser Blinde wird zum Diktator, zumindest zu einem größenwahnsinnigen Schlotbaron.

Großer Schwarzweißball: Fausts Ende

Daß Faust ein tragischer Held ist, kommt nirgendwo so mitleidslos zum Ausdruck wie in den Minuten seines Todes. Blind tapst er zur Tür hinaus vor seinen Palast. Die von ihm befohlenen Arbeiten haben offenbar begonnen. Wie ihn das Klingen der Werkzeuge ergötzt! Der Aufseher soll noch Arbeitskräfte herbeiholen, mittels Geld oder Gewalt, einerlei. Aber was der blinde Oberherr hört, ist das Geklirr der Spaten, mit denen die Lemuren, diese »Halbnaturen« zwischen Skelett und Leib, sein Grab schaufeln. Und während der Kolonistenkönig sein Paradies vor Augen hat, verkündet Mephisto, daß sein Landgewinn ein Opfer Neptuns, des Wasserteufels werden wird.

An der Richtigkeit seiner Prognose bestehen wenig Zweifel. Faust aber ist überzeugt: »Es kann die Spur von meinen Erdetagen / Nicht in Äonen untergehn.« Zum ersten Mal ist der ruhelose Planer von seinem Werk im höchstem Maße angetan. Diesen Moment möchte er festhalten: »Verweile doch, du bist so schön!« Zehntausend Verse vorher hatte er gesprochen: Sollte er dieses »Verweile« jemals aussprechen, dann wäre das das Eingeständnis eines Ruhebedürftigen, dann hätte er die Wette verloren. Tot sinkt er zurück, die Lemuren betten ihn auf der vermeintlichen Großbaustelle ins Grab vor seinem Palast. Faust kommt nicht in die geweihte Erde eines normalen Friedhofs.

Mephisto, wirft, so stellen wir uns das vor, die Arme hoch, blickt himmelwärts und stößt gotteslästerlicherweise jene Worte hervor, die der Erlöser am Kreuz sprach: »Es ist vollbracht.« Den »blutgeschriebenen« Vertrag des Seelenverkaufs hat er zur Hand. Ob er Fausts Unsterbliches in die Hölle nehmen kann? Früher sei das kein Problem gewesen, heute aber gebe es allerlei Begnadigungstricks, klagt er.

Zur Sicherheit holt er sich die Dickteufel vom kurzen, graden Horne und die Dürrteufel vom langen, krummen Horne.

Einen greulichen Höllenrachen haben sie mitgebracht, den stellen sie links auf die Bühne. »Feuerstrom« und »Siedequalm« schlagen als »rote Brandung« hoch, unten liegt eine »Flammenstadt in ewiger Glut«, unglückliche Höllengefangene schwimmen heran, sie wollen hinaus, »doch kolossal zerknirscht sie die Hyäne«. Alles in gräßlichsten Farben, denn unser Teufel fürchtet um sein Renommee, hat Sorge, daß man ihm seine Hölle nicht ernst nimmt. Nimmt er sie ernst? Die kleinen Dickteufel sollen unten acht geben, vor allem an Fausts Nabel, da wischt die Seele gern heraus. Und die langen Dürrteufel sollen oben achtgeben. Dem phosphorschimmernden Seelchen sollen – wenn es denn so weit rausschaut – die Flügel ausgerissen werden, dann packe man den flügellosen Wurm, und fort mit ihm in den »Feuerwirbelsturm!«

Mephisto reimt wie ein Kabarettist »Schlundes« mit »Grundes«, »Wut« mit »Glut«, »Zähne« mit »Hyäne«, »entdecken« mit »erschrecken«. Seine Helfer wirbeln, hüpfen, reißen Grimassen – ein Groteskballet um Fausts Grab in der Bühnenmitte. Links, wie gesagt, der greuliche Höllenschlund. Doch jetzt von oben rechts ein Licht ... süße Glockentöne, wir halten den Atem an. Und herab im friedlichen Fluge strömt die himmlische Heerschar. »Garstiges Geklimper«, keift Mephisto, und überhaupt: Diese Himmlischen bestätigten durch ihr knabenhaftes Aussehen nur den schlechten Geschmack ihrer menschlichen Anbeter. Die Lakaienteufel werden auf Posten zum Grab kommandiert. Der liebliche Chor der Engel streut Rosen der himmlischen Büßerinnen aus. Sie singen im zweihebigen Daktylus, was wir unerwähnt ließen, wären die Verse nicht zugleich im Dreivierteltakt des Wiener Walzers gehalten: »Rosen, ihr blendenden,/ Balsam versendenden!/ Flatternde, schwebende,/ Heimlich belebende,/ Zweiglein beflügelte.« Man könnte mittanzen. Mephisto findet das nicht schön.

»Was duckt und zuckt ihr?« schreit er seine Höllenhelfer an. Sie sollen mit ihrem Höllenatem die Rosen wegpusten, doch die getroffenen Blumen gehen als Flammen hernieder, Flammen und Blüten werden zu Glücksbringern. Umsonst wenden sich die armen Teufel dagegen, sie werden mit einem Mal ganz kirre und irre vor Glück, verlassen ihren Grabesposten, machen vor lauter Glück Kopfstand und schlagen das Rad »und stürzen ärschlings in die Hölle«, wo sie die schönste Innigkeit erleiden und »verdrehten Halses nach der Liebsten« sehen. Mephisto, allein geblieben, schlägt sich mit dem Bienenschwarm aus Rosen und Flämmchen herum, derweil der Engelschor weiter durch die Gegend flötet, bis Mephisto auch nicht mehr kann und seinen Widerstand aufgibt.

Auch er fühlt Liebe aufkommen. Vielleicht rechnet sich die Engelsgarde aus, sie könnte ihn zurück in den Himmel holen, ein bißchen missioniert wirkt er ja schon. Doch wäre Mephisto nicht Mephisto, würde aus seiner Liebe nicht Geilheit. Hübsch sind sie ihm plötzlich, die »bübisch-mädchenhaften« Gottesboten: »Ich mag sie gerne sehn, die allerliebsten Jungen.«

Er ruft sie zu sich; sie kommen näher, tun etwas, was sie sonst nicht tun: Sie sprechen Mephisto an, Mephisto ist ganz aus dem Häuschen, buchstäblich erschrocken verläßt er die Bühne und flüchtet auf die Vorbühne, freilich ohne den begehrlichen Blick von den Seligkeitsfratzen zu wenden.

Ob sie die »holden Glieder« nicht ein wenig »weltlicher« bewegen könnten, vor allem jener »lange Bursche«, den mag er am liebsten: »So sieh mich doch ein wenig lüstern an!« Wenn doch der ganze Aufzug der Knackschar ein wenig nackiger wäre, das alte Faltenhemd »ist übersittlich ... Die Racker sind doch gar zu appetitlich!« Mephisto hat jetzt keinen Gedanken mehr an Faust, er fühlt nur noch seine Lust. Die Engel, sie lassen sich natürlich von so einem wie ihm nicht betören, haben die ganze Bühne erobert, und führen psalmodierend unangefochten Fausts ungerupfte, also beflügelte Seele nach oben. So ist auch der Teufel einmal das Opfer einer Leidenschaft geworden: »Ich habe schimpflich mißgehandelt,/ Ein großer Aufwand, schmählich! ist vertan;/ Gemein Gelüst, absurde Liebschaft wandelt/ Den ausgepichten Teufel an.«

Ist er der geprellte Teufel, der betrogene Betrüger?

Schwer zu sagen. Er macht den Eindruck, als habe ihm diese Slapstickkomödie bei allem Ärger über den vertanen Aufwand (nämlich den der Faust-Eskorte) auch Vergnügen bereitet. Er ist ein Schauspieler aus Leidenschaft.

Ende? Noch nicht: Fausts Himmelflug

Die Engel ziehen mit Fausts Unsterblichem himmelwärts, durch Bergschluchten, vorbei an Chor-singenden Anachoreten (griech.: Zurückgezogene), christlichen Einsiedlern, die Leben und Geist himmelwärts halten. Friedlich, aber unruhig geht es hier zu. Einerseits sind die umherschleichenden Löwen lammfromm. Die Natur indes ist in wilder Bewegung, die Bäume zieht es nach oben, Felsen halten sie fest, der Gebirgsbach, eben noch hell und klar, stürzt wütend in die Tiefe. Ein Pater Ecstaticus schwebt verzückt auf und ab, schreit vor »schäumender Gotteslust«, fühlt Pfeile, Lanzen, Keulen und Blitze, nur um diese

Löwen sind ein altes Gottessymbol, nicht nur wegen ihrer Kraft, sondern wegen ihrer hellen, quasi strahlenden (Licht-) Mähne. Aber auch weil sie – wie man behauptete – nie die Augen schließen. Bei den Christen unter anderem ein Auferstehungssymbol, weil man glaubte, Löwenjunge kämen tot zur Welt und würden nach drei Tagen, vom Löwenvater angehaucht, zum Leben erweckt. Der geflügelte Löwe ist Symbol des Evangelisten Markus.

zugunsten der ewigen Liebe zu ignorieren. Pater Profundus, weniger ekstatisch, schwebt in unterer, eben profunder Region. Ungeachtet der wilden Gebirgsnatur ist es die Liebe, die alles erschaffe und pflege, verkündet er. Die wilde Natur habe nur Gutes im Sinn, Naturerscheinungen seien »Liebesboten«, die auch seinen befangenen Geist endlich »entzünden« mögen. Pater Seraphicus hat geringere Liebesnöte, er steht etwas höher, in der mittleren Bergregion, wo der Chor seliger Knaben sich hilfesuchend an ihn wendet.

Es sind Neugeborene, vielleicht Ungetaufte, die, weil sie um Mitternacht zur Welt kamen (so der Volksglaube), sogleich verstorben sind. Er verleibt sie sich buchstäblich ein und zeigt ihnen durch seine Augen die Welt, die die Knaben »zu düster« finden und aufwärts gleiten, wo sie den höchsten Berggipfel im Spiel umkreisen. Fausts Seele ist, von Engeln getragen, nun in der »höhern Atmosphäre« angekommen.

Die jüngeren Engel stimmen ein Triumphliedchen an, in dem sie schadenfroh besingen, wie die niedergegangenen Rosen dem »alte(n) Satansmeister ... spitze Pein« verursacht haben. Die vollendeteren Engel sind da sachlicher. Sie kümmern sich um Fausts metaphysische Sauberkeit: »Uns bleibt ein Erdenrest/ Zu tragen peinlich,/ und wär' er von

Asbest,/ Er ist nicht reinlich.« Für eine Entrückung nicht gerade erhebende oder gar große Verse. Was sucht Asbest hier im Himmel? Es galt den Alchimisten als besonders sauberes Mineral, zugleich sind die Kurzverse eine Anspielung auf die Glaubensvorstellung, wonach jeder Himmelsanwärter einer postmortalen Reinigungs- und Reifeprozedur unterworfen wird.

Man kann sich vorstellen, daß die Engel Fausts noch unreine Seele mit spitzen Fingern nach oben ziehen. Die seligen Knaben sind weniger zimperlich, freudig begrüßen sie den Ankömmling »im Puppenstand«. Faust ist also eine Larve, die sich noch zum Schmetterling wandeln muß. Die Nähe zu Faust aber garantiert den Knaben, daß sie gewissermaßen als sein Mitbringsel mit in den Engelsstand erhoben werden. Sie lösen ihn von den irdischen »Flocken« (vermutlich Wolken), »die ihn umgeben!/ Schon ist er schön und groß/ Von heiligem Leben.« Das kümmert den Doctor Marianus nicht. Er ist der höchste der Anachoreten und lebt in der höchsten und reinlichsten Zelle. Sein Name ist eine Art Ehrentitel für Marienverehrer. Von Faust nimmt er so gut wie keine Notiz. Bei seiner Liebe zur Gottesmutter kommt ihm »die heilige Liebeslust«, ihn interessiert ihr »Geheimnis«, das wir als jenes der jungfräulichen Geburt interpretieren.

Drei Sünderinnen, zwei aus der Bibel, eine aus dem Legendenschatz, treten vor: Magna Peccatrix, die große Sünderin Maria Magdalena, die als geläuterte Prostituierte mit ihren Tränen die Füße Jesu wusch und sie mit ihrem Haar trocknete und dann einölte; die Mulier Samaritana, die samaritische Frau, die mit ihrem sechsten Mann in wilder Ehe lebte und die sich Jesus gläubig zuwandte; Maria Egyptiaca, die ägyptische Maria, die als Schiffshure ins Heilige Land kam, von einer unsichtbaren Macht am Betreten der Grabeskirche in Jerusalem gehindert wurde und Maria um Hilfe bat. Nach einem 47 Jahre währenden Büßerleben in der Wüste schreibt sie sterbend die Bitte um ein christliches Begräbnis in den Sand.

Warum aber treten die Frauen hier auf? Das ist nicht ganz klar. Klar ist nur, daß sie fürbitten, doch streitet man, ob sie es für Gretchen oder für Faust tun. »Gönn auch dieser guten Seele,/ Die sich einmal nur vergessen,/ Die nicht ahnte, daß sie fehle,/ Dein Verzeihen angemessen!« Für Gretchen spricht der Passus »einmal nur vergessen« und daß sie ihrerseits für die ihr zugedachte Rolle von Fausts himmlischer Reiseleiterin die entsprechende Investitur von

Warum Faust in den Himmel kommt

»Es irrt der Mensch, solang' er strebt«, spricht der Herr im Prolog im Himmel. »Wer immer strebend sich bemüht,/ Den können wir erlösen«, singen die Engel, Fausts Seele emportragend. Ein vieldiskutiertes Faustwort. Albrecht Schöne sagt, »erlösen« heiße »ein Freimachen«, ein »Ablösen« aus irdischen Verstrickungen, was nicht unbedingt der Schlüssel zu Fausts Rettung sein müsse. Wir weisen auf das Wort »können«. Es heißt können und nicht werden! Also ist Faust, aber nicht jedem Menschen diese wie auch immer zu verstehende Lösung aus dem irdischen Jammertal vergönnt. Himmlische Gerechtigkeit ist anders als irdische. Kommt also Faust in den Himmel, weil er sich immer um Höheres bemüht hat?

Im Sinne des Idealismus verstehen wir das pointiert so: Wer sich immerzu um ein tätiges Leben bemüht, der absolviert ein Qualität produzierendes Training des Geistes. In Gesprächen und Briefen benützt Goethe den von Aristoteles geprägten Begriff der Entelechie, was soviel wie »das Ziel in sich haben« heißt. Aristoteles: Alle Entwicklung in der Reali-

Marias Gnaden erhalten muß. Andererseits ist sie seit 7500 Versen »Gerettet«, also neigen wir zu Faust als dem Objekt der Büßerinnen-Bitte. Vielleicht ist das »einmal nur vergessen« auf Fausts Teufelspakt bezogen. Gretchen als Una Poenitentium, eine der Büßenden, schmiegt sich beglückt an Maria, denn »er kommt zurück«.

Damit gehen Margaretes Worte aus ihrer Todeszelle in Erfüllung: »Wir werden uns wiedersehn.« Während sie zusieht, wie Faust verjüngt hervortritt, bittet sie Maria: »Vergönne mir, ihn zu belehren.« Hier im Himmel ist sie die Ältere und die Wissendere. Auch hier befindet er sich also in einer Lebensform fortwährender Entwicklung. Seine

tät zielt auf eine Verwirklichung der inneren Form. Goethe: Wesentlich ist das Ziel, es ist ein unendliches Ziel, zu dem der wahre Mensch hinstrebt. Von Leibniz` Monadentheorie (Monade, griech. »Einheit«) ausgehend, ist Goethes Vorstellung überdies geprägt vom Glauben an eine Einheit Seele, die unzerstörbar ist, weil sie Vollkommenheit erreicht hat, und Vollkommenheit hat sie erreicht, weil sie individuell, also unverwechselbar geworden ist. Das wiederum ist sie geworden, weil der Mensch hartnäckig abgeschüttelt hat, was ihm nicht gemäß ist. Zur unsterblichen Seele werden – das ist vermutlich die Botschaft dieser berühmten Textstelle. Viele bezeichnen sie als Kernaussage der gesamten Faust-Dichtung. Diese Worte seien – so Goethe zu Eckermann am 6. 6. 1831 – »der Schlüssel zu Fausts Rettung«. Hier zweifelt Albrecht Schöne an der Richtigkeit von Eckermanns Gesprächsaufzeichnung. Denn Fausts Weiterleben vollzieht sich nicht in der Paradieshaftigkeit des Himmels, Faust entwickelt neue Betriebsamkeit. In neuen Sphären ist er nun, als Tatgeist wird er wohl weitermachen. Ob das die himmlische Erlösung ist, von der die Engel gesungen haben, oder nicht, können wir nicht sagen, vermuten aber, daß Faust auch dort für Unruhe sorgen wird.

Himmelexistenz ist nicht ewige Seligkeit im christgläubigen Sinn, sie ist neues – vermutlich weniger konfliktbeladenes – Wirken. »Alles Vergängliche/ Ist nur ein Gleichnis«, singt der Chorus Mysticus, dieses Vergängliche, die irdische Realität läßt sich nicht erkennen, ist nur eines von vielen möglichen Gleichnissen, ein Abglanz des Göttlichen. Das Göttliche aber ist ein Prinzip, das gar noch über Gott selbst zu stehen scheint, vermutlich einfach das immerwährende Werden, die immerwährende Schöpfung.

Und weil ohnehin niemand so recht weiß, was die letzten Verse meinen, zitieren wir sie:

»Alles Vergängliche
Ist nur ein Gleichnis.
Das Unzulängliche,
Hier wird's Ereignis;
Das Unbeschreibliche
Hier ist es getan;
Das Ewig-Weibliche
Zieht uns hinan.« (12104 f.)

Die letzten Faust-Worte

Vielleicht meinte Goethe mit dem Unzulänglichen das Bühnengeschehen seiner Faust-Dichtung oder das der letzten Szene (»Bergschluchten«), so, wie Dante in seiner GÖTT- LICHEN KOMÖDIE schreibt, er könne das erlebte Paradies nicht in Worte fassen, es sei das Unbeschreibliche. Was aber soll das Ewig-Weibliche? Und wen zieht es hinan? Uns alle? Nur die Mystischen? Oder nur Männer? Wenigstens einige Überlegungen:

Das Ewig-Weibliche steht in Verbindung zum Reich der Mütter. Die Mütter sind ewig und weiblich, sie sind Urprinzip der Schöpfung, also Schöpfung vor der Schöpfung.

Das Ewig-Weibliche ist Gretchens Prinzip der unbedingten Liebe, einer Liebe, die über den Tod hinausgeht. Gretchen bittet ja Maria, Faust auf seinem weiteren Weg leiten zu dürfen. Ihre Liebe ist es, die Faust himmelwärts führt. Sie und mit ihr dies Ewig-Weibliche ist einer von Gottes Gnadenbeweisen, die nach oben weiterhelfen. (So oder so ähnlich hat das Faust zu Beginn des vierten Aktes selbst gesehen: »Und zieht das Beste meines Innern mit sich fort.«)

»Goethe hat es glücklicherweise vermieden, Macht und Kraft des Ewig-Weiblichen im Faust näher zu erläutern und zu beschreiben, und hat es unglücklicherweise seinen Interpreten überlassen, den Begriff ... zu definieren, was denn mitunter sehr viel weniger Hinanziehendes aufweist«, schreibt Wilpert im GOETHE-LEXIKON. Also halten wir uns mit weiteren Deutungs- und Erklärungsversuchen zurück.

Faust – eine Typologie

Faust, der Gelehrte, ist auf der Erfolgsleiter hoch aufgestiegen. Aber das Erreichte bedeutet ihm nichts. Er ist, bei allem, was er geistig und auch im akademischen Leben erreicht hat, immer noch Rebell, ein Grenzüberschreitender, wie wir ihn auch heute noch antreffen, sei es im Sport, in der Wissenschaft, der Technik oder auf anderen Feldern. Er klagt über den Leerlauf seines Gelehrtenlebens, und das nicht aus eitler Bescheidenheit, sondern aus tiefster Betroffenheit und Wut. Überdurchschnittliche Leistungen und Erfolge oder der Hunger danach hatten von jeher etwas Unheimliches.

Das Christentum konnte oder wollte solche Überlegenheit nur selten mit besonderer göttlicher Hilfe oder Gnade begründen. Lieber schon sah man den Erfolgreichen mit dem Teufel im Bunde. Wer die Durchschnittlichkeit verläßt, muß sein Seelenheil verpfändet haben. Dieser Gedanke entstammt dem dualistischen Denken des Christentums, das die Welt in Gut und Böse einteilt, in das Reich Gottes und jenes des Widersachers – ein Motiv, das es im vorchristlichen Abendland nicht gegeben hatte. Erst das Christentum machte aus Leuten wie Friedrich II. von Hohenstaufen, Paracelsus, Roger Bacon oder Galileio Galilei Alliierte der Finsternis.

Mit dem Teufel, also dem Repräsentanten der Gegenmacht, durchschreitet Faust die Welt. Das mag gefährlich sein, entspricht aber dem alten obsessiven Traum vom alleskönnenden magischen Helfer. Mit ihm tritt man die Reise durch die Zivilisationen an. Wir erleben, wie ein von Bürgersleuten geehrter Doktor bis hinauf zum Hof des Kaisers

gelangt, wie er darüber hinaus Epochen der Menschheits-
geschichte durchschreitet. Mit der Bekanntschaft der schönen Helena macht Faust einen Zeit- und Kultursprung von
dreitausend Jahren. Auf den beiden Walpurgisnächten, der
deutschen und der antik-griechischen, trifft er auf die Ur-
figuren der abendländischen Mythologie, ob das jetzt eine
Hexenschar vom Blocksberg, die biblische Lilith oder vor-
antike Sphinxe und Greife sind.

Mit der Erschaffung des Homunculus, eines künstlichen
Menschen aus der Retorte, durch Fausts Assistenten Wagner, begegnen wir mit durchaus aktuellen Bezügen dem
wissenschaftlichen Fortschritt, und in der Landgewinnung
durch Faust finden wir, ebenso zeitnah, die Bereicherungs-
kultur des Materialismus. Und Faust, gerne als hypothe-
tisch bezeichnet, ist zugleich eine reale Figur: Tatmensch
und Spinner, Gentechniker und Dr. Mabuse, Macher und
Träumer in einer Person. Diese Polarität zieht uns an. Er ist
der zur Tat drängende Hitzkopf und der in seinem eigenen
Wahn gefangene, halb autistische Gelehrte, der den Bezug
zur Welt verloren hat und sich in lebensferne Betätigung
stürzt.

Faust interessiert sich nicht für die Menschen, wichtig ist
ihm seine Idee. Opfer nimmt er nicht etwa in Kauf, sie sind
ihm – trotz seiner gegenteiligen Beteuerungen – gleichgül-
tig. Und wenn er mit dem Kaiser paktiert, ist ihm dessen
Unfähigkeit egal. Er bevorzugt das Große und mißachtet
das Kleine. Der Faust-Kommentator Albrecht Schöne erwähnt hierzu die Kanalarbeiten zwischen Warthe und
Netze, die Friedrich der Große so schnell als möglich fertig-
gestellt sehen wollte. Ein 36 km langer Kanal wurde im
Zeitraum von sechzehn Monaten zu Ende gebaut. 1600
Arbeiter verloren dabei ihr Leben. Ein Faust sieht darin keine Unverhältnismäßigkeit.

Selten erleben wir bei Faust etwas wie Sympathie oder Wärme. Wer wollte ihn zum Freund, gar zum Vater? Kann einer, der immer in großen Dimensionen denkt, etwas Privates haben? Faust ist ein Halbgott. Als Vater, Gatte oder Kollege finden wir ihn ohne Gefühl für die Menschen aus seiner Nähe. Das ist wohl ein Grund, weshalb ihn die moderne Bühne oft als faschistoiden Traumtänzer vorstellt. Wobei wir zu seiner Rechtfertigung anführen können, daß er sich in zwei wesentlichen Aspekten vom Faschisten unterscheidet: er ist kein Spießer, und er ist durchaus in der Lage zur Selbstkritik. »Faust ist ein so seltsames Individuum, daß nur wenige Menschen seine inneren Zustände nachempfinden können«, bemerkte Goethe im Gespräch mit Eckermann und Hutton.

Mit den klassischen Idealen von Maß-Mitte-Verzicht hat Faust wenig zu tun. Er ist nicht Goethes Iphigenie, deren Hauptanliegen der Friede zwischen den Gegensätzen ist. Faust nimmt sich nicht zurück, wenn er die Macht hat. Er ist der Typ des Überwinders und Siegers, der in seinem immerwährenden Streben die Welt, wie sie banal, natürlich und irdisch nun mal ist, verneint. Der Germanist Peter Michelsen vertritt die Auffassung, daß der Kern von Fausts Wesen die Unzufriedenheit ist, sie erklärt seinen Haß auf die beiden Nachbarn Philemon und Baucis, die ihm nichts getan haben, außer ihm in einer harmlosen Angelegenheit zu widerstehen. Ihr winziges Anwesen stört ihn nicht, weil es etwas höher als sein Palast liegt, sondern weil es seiner latenten Unzufriedenheit einen Vorwand liefert. Hätte das alte Ehepaar nachgegeben, dann hätte er sich ein anderes Ziel gesucht.

Stellt aber Faust nur irgendeinen Mann dar oder ein männliches Prinzip? Wie stellen wir uns eine weibliche »Fausta« an seiner Stelle vor? Wären ihre Fehler von geringerer Tragweite gewesen? Wäre sie nicht eher im Menschlichen statt wie Faust im Universalen geblieben? Wäre sie bei einem eher individuellen Egoismus stehengeblieben, statt prinzipienhalber selbstherrlich die Welt herauszufordern? Diese persönlichen Aspekte hat Faust delegiert. Das ist Mephistos Angelegenheit, den man deshalb auch das »weibliche« Element dieser Beziehung genannt hat.

Gehen wir noch ein Stück weiter: Haben die Nazis die Figur Faust deshalb geschätzt, weil er sich nicht beim kleinen Detail aufhielt, sondern den »großen Wurf« suchte?

Letztendlich siegt Faust unentwegt und erreicht nichts, er bekommt alles, und nichts bleibt ihm. Im fünften Akt ist er hundert Jahre alt, bewohnt einen prächtigen Palast, ist Herrscher über ein weites dichtbevölkertes Land. Man sollte meinen, was er befiehlt, würde getan. Aber wie zynisch karikiert Goethe gerade diesen großen alten Herrscher, der doch eigentlich nur Würde sein sollte. Der blinde, an Moses erinnernde Greis befiehlt den Bauarbeitern, mit einer neuen – der größten – Arbeit seines Lebens zu beginnen. Doch die Knechte sind spindeldürre feixende Schreckgespenster, die Fausts Grab schaufeln. Faust aber lehnt sich selig zurück und nennt genau dies »den höchsten Augenblick« seiner Existenz.

Faust ist zum Bauherrn einer neuen Zeit geworden, die in ihrem Beschleunigungswahn nicht merkt, daß sie längst auf der Stelle tritt. In seinem Urteil über den geschätzten Dichterkollegen Byron hat Goethe diese Haltung als Grund und Ursache für Katastrophen bezeichnet. Der Tätigkeitshunger kennt keine Grenzen und darob verliert er ein inneres Leben. Innen ist er nur Geist, oder um es faustisch und zugleich modern zu formulieren: nur Vorsatz für Neues. Immer unterwegs zum Neuen, nie irgendwo ankommen – das ist es, was Faust so modern wirken läßt.

Wäre Faust, fragen wir, nicht auch dann von seiner Unzufriedenheit erlöst worden, wenn er sich auf das besonnen hätte, was er eigentlich wollte? Und das war: Ausbruch aus dem Gefängnis seiner Forscherexistenz, Einbruch in die Banalität des Lebens. Aus dem arithmetischen Mittel dieser beiden Extreme hätte sich – glauben wir – eine befriedigende Lösung finden können.

In seinem Aufsatz »Shakespeare und kein Ende« formuliert Goethe »das schöne Gleichgewicht zwischen Wollen, Sollen und Vollbringen«. Und das ist Faust und nicht nur ihm, sondern auch uns verlorengegangen. Und wenn er in den Himmel kommt, dann ist das weniger Gnade als vielmehr poetisches Spiel.

Der tragische Gelehrte – Was oder wie wäre Faust heute?

Zunächst könnte Faust heute schon wegen der unüberschaubaren Menge des uns verfügbaren Wissens kein Gelehrter im universalen Sinne mehr sein – abgesehen davon, daß heute DER Gelehrte zum bürgerlichen Typus verkümmert – nur einer Traumvorstellung entsprechen kann. Was aber nicht heißen soll, daß das Universalprinzip des Gelehrten falsch geworden ist, es ist nur nicht mehr realisierbar.

Hätte sich Faust, der Arzt, dem Doktor Rieux aus DIE PEST von Albert Camus angeschlossen? Dieser Doktor Rieux und Rambert, der Pariser Journalist, helfen, ohne jene von Faust angerufenen jenseitigen Mächte zu bemühen. Sie sind nüchterne Altruisten, Sisyphos-Arbeiter, die ihren Job machen, sie sind »Heilige ohne Gott«, gehorchen einer Gesetzmäßigkeit, die erwachsen ist aus dem Instinkt von Menschsein und Zivilisation. Und als sie die Pest – ein

Bild für den Nationalsozialismus – zurückgedrängt haben, sehen sie sich nicht wie Faust nach Höherem um, sondern leben nüchtern weiter im Bewußtsein, »daß der Pestbazillus niemals ausstirbt oder verschwindet«.

Wir sehen uns weiter um und finden Faust vielleicht als Möbius in Dürrenmatts PHYSIKERN. Möbius hat jene Formel gefunden, nach der Faust so wütend gesucht hat. Doch die hält nicht bloß die Welt in ihrem Innersten zusammen, sie macht vielmehr die Exekution dieser Welt möglich. Und was macht Möbius? Er geht ins Irrenhaus, weil er ausgerechnet und doch bezeichnenderweise nur mehr als simulierender Geisteskranker hoffen kann, die Welt vor seiner Entdeckung zu schützen: Ein Kernphysiker, der aus Gründen der Verantwortung seinen vorgetäuschten Wahnsinn als einzige Alternative zu einer Karriere als gefeierter Staatsphysiker gewählt hat. Von Fausts neuen Sphären, höheren Mächten, kann hier keine Rede mehr sein.

Heinar Kipphardt beschreibt mit seinem OPPENHEIMER-Stück ebenjenen Staatsphysiker, der sich eine glänzende Karriere gebastelt hat und nun, da ihn Skrupel wegen seiner Beteiligung an der Entwicklung der Hiroshima-Bombe plagen, feststellen muß, daß sein freier Wille nichts zählt. Oppenheimer will aussteigen, zumindest will er den Bau der H-Bombe nicht im gleichen Maße wie den der Atombombe verantworten.

Ein Gericht muß den demokratie- und US-loyalen »Vater der Atombombe« verurteilen, weil diesem die bedingungslose Staatstreue fehlt. Mit Galilei, dem Erfinder der modernen Physik, beginnt laut Brecht der Weg der Forscher zu einem »Geschlecht erfinderischer Zwerge, die für alles gemietet werden können«. Wir verweisen darauf, daß Faust im ersten Akt des Zweiten Teils auf Kommando des infantilen Kaisers all den Hokuspokus vom Stapel läßt, der ihm abverlangt wird. 1960 schrieb Kipphardt über seinen OPPENHEIMER: »Es ist die äußerst tragische Geschichte einer heutigen Faustfigur.«

Variationen zu Goethe

Fünf Bände stark ist die Faust-Bibliographie von Hans Henning aus dem Jahre 1976. Er führt hunderte Faust-Bearbeitungen in mehr als siebzehn Sprachen an. Würde sie, ohne vollständig sein zu wollen, aktualisiert, käme schätzungsweise noch mindestens ein Band dazu, denn das Thema, eigentlich der Mythos, ließ die Schriftsteller und Poeten seit dem historischen Faust nicht mehr ruhen.

Uns bleibt also nur, eine schmale Auswahl von sieben Variationen vorzustellen. Ob diese repräsentativ ist? Jeder Faustkenner gewichtet anders. Und: Was ist überhaupt faustisch? Peter Michelsen nennt als wichtigste vier Punkte: die Suche nach Erkenntnis und die folgende Unzufriedenheit; der Pakt mit dem Teufel; der christliche Raum; und schließlich die Zeit um das Jahr 1500.

Christian Dietrich Grabbe (1801 – 1836) setzt in seinem DON JUAN UND FAUST zwei Prinzipien gegeneinander: ein suchendes, von Ruhelosigkeit und autoaggressiver Härte bestimmtes, und ein südliches, zielloses, dem Tag und seinen Genüssen zugewandtes. Faust also versus Don Juan. Beide leben in Rom. Faust steht mit dem Teufel, einem schwarzen Ritter im Bund. Don Juan hat einen Diener namens Leporello (beinahe ein Doppelgänger des Leporello aus Mozarts DON GIOVANNI). Die beiden Haupthelden lieben die tugendsame Donna Anna, Tochter des Gouverneurs Don Gusman. Die zweifach Angebetete liebt Don Juan, doch hat sie sich einem anderen, Don Octavio, versprochen. Wie mit seinem Herren abgesprochen, provoziert Leporello während des Hochzeitsfestes den Bräutigam, Don Juan fordert den Provozierten zum Duell und tötet ihn, Faust aber raubt mit Geisterkraft die Braut und setzt sie auf den hohen Montblanc. Hier, in einem vom Teufel gedankenschnell erbauten wunderschönen Zauberschloß, hofft er, Anna für sich umzustimmen, doch die Gefangene verweigert sich.

Nachdem Don Juan auch den Gouverneur ermordet hat, erreicht er den Ort von Annas Gefangenschaft. Faust zaubert einen Sturmwind, der den Rivalen zurückwirft nach Rom. Wenn auch Faust über Don Juan triumphiert, er findet bei Donna Anna keine Gegenliebe. Im Affekt

Gotthold Ephraim Lessing (1729 – 1781) lobt im 17. Literaturbrief den Marlowe-Faust und entwirft seinerseits einen lessingschen Faust. Der fragt die Teufel: »Welcher von euch ist der schnelleste?« »Der bin ich!« schreien die sieben. Faust amüsiert sich. Im Vollbesitz einer frostig anmutenden Nüchternheit und gänzlich unverzweifelt, antwortet er: »Ein Wunder! daß unter sieben Teufeln nur sechs Lügner sind. – Ich muß euch näher kennenlernen.« Jeden fragt er nach seiner Art der Schnelligkeit. Und der siebente Teufel sagt: »Nicht mehr und nicht weniger (schnell sei er) als der Übergang vom Guten zum Bösen.« Das ist Hellsichtigkeit. Kategorisch zukunftsweisender als das, was Goethes Mephisto sagt, als er sich als Teil von jener Kraft bezeichnet, »die stets das Böse will und stets das Gute schafft«. Lessing sieht da weiter. Nicht mehr die Absicht, sondern der rasende überteuflische Automatismus vom Segen zum Fluch fällt ins Gewicht. Lessing setzt nach: »Zuviel Wißbegierde ist ein Fehler.« Sie ist einseitig, sie verkennt wohl so etwas wie die Lebensgier. So ein Ausspruch relativiert den Ruf Lessings als des Aufklärers schlechthin, und das weckt auch in uns die gescholtene Wißbegierde. Doch Lessings D. Faust liegt nur als Fragment vor. Das beinahe abgeschlossene Stück ging 1775, so heißt es jedenfalls, auf dem Postweg verloren.

wünscht er der Widerspenstigen den Tod, was auf der Stelle
– schneller als ihm lieb ist – geschieht. Faust kommt
zurück nach Rom, zu Don Juan, um ihm den Tod der
Geliebten zu melden. Don Juan, wenn auch traurig, richtet
seinen Lebensmut nach vorn, seine Aufmerksamkeit gilt
den vielen anderen Schönheiten, die er noch zu gewinnen
hofft. Er weiß, Faust ist Donna Annas Mörder, und formuliert den Satz, der auch auf Goethes Faust zutreffen kann:
»Ähnlich sieht dir's, der immer selber seine Himmel zer-
trümmerte!« Er fordert Faust zum Duell, aber Faust stürzt
sich trotzig vor Lebensüberdruß in die Arme des schwarzen
Ritters: »Wenn ich ein ew'ges Wesen bin, so ring' ich auch
mit dir [also dem Satan] von Ewigkeit zu Ewigkeit, und
möglich, daß ich siege.« Dann erwürgt ihn der Ritter. Als
Steinmonster erscheint dem Don Juan der Gouverneur und
fragt, ob er bereuen und sich bessern wolle.

Ähnlich wie Faust will auch Don Juan seine Identität
nicht opfern. Er ruft »mit Donnerstimme ... Nein!« Ein
teuflischer Feuerregen geht über das Haus des Grande nieder. Dieser stirbt mit den Kavaliersworten: »König und
Ruhm, und Vaterland und Liebe!« Der Ritter versinkt und
reißt Don Juan mit sich hinab. Grabbes Tragödie wurde
1829 von Albert Lortzing vertont.

Nikolaus Lenau (1802 – 1850) kann sich seinen kurz nach
Goethes Tod verfaßten FAUST in Sturm-und-Drang-Manier
auch nur als Sucher nach der eigenen Übergröße vorstellen:
»Nach Gott? – doch nein! – der Kummer ist es nur:/
Könnt' ich vergessen, daß ich Kreatur!« Der größtenteils
eingesetzte Paarreim (aabb) und der kurzatmige Rhythmus
sorgen gelegentlich für unfreiwillige, entfernt an Limericks
erinnernde Komik: »Hier unterschreib' ich den Vertrag,/
Weil ich nicht länger zweifeln mag.« Oder in Anlehnung

an die Gretchen-Tragödie (bei Lenau eine Prinzessin): »Wer
ein Bündnis mit der Hölle schlingt,/ Den Menschen Fluch
mit seiner Liebe bringt.« Lenaus Lieblingswort ist »brau-
sen« in allerlei Zusammenhängen, bester Ausdruck: der
»Überbraus« für Gottes Wirken. Interessante Variante:

Voller Lust und in Ekstase erdolcht sich Faust. So hat es
dem Wiener Balladendichter Lenau gefallen.

Wenn wir schon lachen, dann richtig. Also greifen wir zu
Friedrich Theodor Vischers (1807 – 1887) FAUST. DER
TRAGÖDIE DRITTER TEIL. Der Mythenverächter hat die
goethesche Vorlage studiert und alles gut im Kopf. So gibt
es kaum eine Textstelle, die dem Original nicht hämisch zu-
setzt. Spritzwitzig und hammerderb wird dem heiligsten
Profantext deutscher Nation der Marsch geblasen. Eine selten kultivierte Respektlosigkeit in diesem unserem deutschen Geistesleben. Dabei ist die satirische Nachahmung ja
auch Goethe-Tradition, wenn man an die Parodie des Werther vom Urheber selbst denkt.

Vischers Lieschen erklärt uns gleich zu Beginn des Drei-
akters (dem noch ein umfangreiches Nachspiel angefügt
ist), sie lebe jetzt in einer Zwischen- und Übergangsregion,
so halb im Jenseits. Sie sei Fausts zölestische Aufsichts-
beamtin »als Hausverwalterin,/ Als weise Unterhalterin,/
Als Warnerin, als Mahnerin,/ Vollkommenheitsanbah-
nerin«. Faust sei für die ewige Seligkeit noch nicht voll reif
und müsse als Lehrer arbeiten, wo er unter anderem Goethes FAUST II zu lehren habe. Valentin, Gretchens Bruder,
lebt mit Bärbelchen und betreibt einen Gasthof für hoch-
schwebende Himmelsreisende. Viele finden sich ein, auch
Faust-Fremde, wie Fritz, der Sohn Charlotte von Steins, die
Mütter finden breite Beachtung, ebenso Helena, Euphorion, vor allem die Himmelsscharen der letzten Szenen.

Auch Mephisto übt Präsenz, doch wenig glücklich. Kurz vor seiner endgültigen Erhebung wird Faust einer Art Läuterungsmassage unterworfen. Er muß sich entkleiden und auf eine Bahre legen. Auf der wird er von Valentin unter der Aufsicht des Doktor Marianus massiert und geknetet. Valentin läßt sich von Mephisto bei seiner manuellen Therapie anleiten:

»Sänftlich streiche,/Fleisch erweiche!« Dann: »Derber reibe,/ Pressend drücke,/ Klemmend kneipe,/ Zwage, zwikke!« Faust: »Au weh!/ Ich vergeh!« Mephisto, zu Valentin: »Kribble, krabble,/ Daß er zapple!« Faust, krampfhaft lachend: »Greulicher Krampf, gichterisch Lachen,/ Lieber vor Schmerz heulend zerkrachen.«

Mephistos Anleitung wird sadistischer: »Nachkitzel zur Walpurgisnacht/ und ihren Ludereien!/ Der klassischen sei hier nicht gedacht/ Die war schon zum Kasteien,/ Man ging vor lauter Deutungsschund/ In dem Gestrüppe ja zugrund./ Doch an dem Zwerg Homunculus,/ Des Dichterhirns forunculus,/ Sein Schweben und sein Schwabbeln/ Gemahne dich dies Krabbeln!/ [Zu Valentin.] Jetzt nimm die Gerte, hau!« Faust: »Au! Au! Au!« Valentin solle an seine Ermordung durch Faust denken und an die ruinierte Schwester Gretchen. Doch die erhebt ihre Madrigalstimme: »Hier oben ist die Schuld verziehn,/ Verzeih auch du, mein Valentin!« Der tut das gerne, die Abreibe war ohnehin nicht sein Geschmack, er verprügelt Mephisto, der sich blutend verzieht.

Nun folgt die »Wiederholung der Prozedur in sinkender Skala, Fausts Ausrufe milder, am Ende wohlig«. Dr. Marianus: »Mit Öl vom Atos, extrafein,/ Reibt jetzt die wunde Haut ihm ein/ Komm, o Gekneteter,/ Fäustlich Gejäteter,/ Nicht mehr Verdichteter,/... Komme zum actus, ernst und groß,/ Komme zum himmlischen Fuchsenstoß!« Doch das dauert noch. Absurderweise erscheinen Stiefelknechte und Stiefel und ringsum schwärmende Hühneraugen, banale Dinge eines quälenden Alltags, die den Symbolhunger der Zeit parodieren. Vischer, der aus Eitelkeit schmale Schuhe trug und unter Hühneraugen litt, läßt den Stiefelknecht konkret Poetisches aufsagen. Ernst Jandl hätte mutmaßlich Freude daran. Man beachte die Form des Stiefelabdrucks.

Ung

Lung

Ickelung

Wickelung

Twickelung

Entwickelung

Twickelung

Wickelung

Ickelung

Lung

Ung

(Lang und würdevoll nachdröhnendes Echo:)

Ung!

An den Stiefelknecht richten Valentin und Bärbelchen die Petition, doch bitte nicht in den Himmel ziehen zu müssen, es sei öde dort – ob sie nicht als Wirtshausbetreiber weitermachen dürften? Der Bitte wird mit Eselslauten stattgegeben. Völlig aberwitzig erscheint unter Donner eine riesige Null: »Euch Bilder jetzt verschling ich wie ein Nero:/ Das Absolute ist das reine Zero.« Und verschlingt Stiefelknecht, Stiefel und Hühneraugen.

Himmelan geht es mit Faust. Chorus mysticus: »Das Abgeschmackteste,/ Hier ward es geschmeckt,/..../ Das

Unverzeihliche,/ Hier sei es verziehn;/ Das ewig Langweili-
ge/ Zieht uns dahin!«

Alles in allem eine derbe Absage an den blind anbeten-
den Goethe- und Tiefsinnskult. Warum ist das Stück er-
folglos geblieben? Die Lobby der Anbeter war übermäch-
tig, zudem ist das Stück nur für Faustkenner lustig, es ist zu
lang, eigentlich zu breit, Vischer verliert sich in den Poin-
ten. Dennoch! Gekürzt und bearbeitet wäre das für einen
Provokations-Regisseur oder wenigstens für die Theater-
bühne einer Schule wohl ein gefundenes Fressen.

Heinrich Heine (1797 – 1856) hatte erst recht keinen
Erfolg mit seinem Ballettext, einem »Tanzpoem«, wie er es
etwas überlyrisch untertitelt. DER DOKTOR FAUST – so
nennt er es – wundert uns, ob seines bestimmten Artikels.

Wir finden einen steifen Doktor in seinem gotischen
Studierzimmer. Mit dem HÖLLENZWANG, einem Buch zur
Beschwörung böser Geister, zitiert er einen roten Tiger,
dann eine ungeheuere Schlange, beides ringt ihm gerade
noch ein Achselzucken ab. Hernach aber helles Licht, lieb-
lichste Tanzmusik: Mephistophela. Mit ihrem Zauberstab
ruft sie die übrigen Geister, die allesamt von ausgemachter
Häßlichkeit ihre Hüllen fallen lassen müssen, um als
Ballettänzerinnen »mit Blumengirlanden dahinflattern« zu
dürfen.

Doch keine gefällt Faust. In einem hingezauberten
Spiegel erblickt er eine Herzogin in Adelstracht. Er nähert
sich dem Bildnis. Die will er. Aus dem Boden taucht ein
häßlicher Affe auf. Pardon, die Hölle hatte eine Panne. Ein
schöner Jüngling steigt empor, er macht dem Bildnis mit
banalsten Tanzschritten Avancen. Der steife Gelehrte
sieht's, wird rasend, er öffnet eine Ader seines Armes und
unterschreibt Mephistophela den fatalen Pakt. Mittels

Tanzunterricht wird Faust verjüngt, »er tanzt ein brillantes Pas-de-deux mit Mephistophela, und zur Freude seiner Kunstgenossinnen fliegt er auch mit ihnen umher in den wunderlichsten Figuren.«

Zweiter Akt: Auf dem Schloßaltar sitzen Herzog und (Spiegel-)Herzogin. Sie trägt einen goldenen Schuh am linken Fuß – das bedeutet: Sie ist eine der übelsten Satansbräute. Der Hof ist gerade dabei, sich bei einem Rokoko-Schäferspiel, bei »graziöser Fadheit und galanter Unschuld« zu langweilen.

Mit Fausts und Mephistophelas Erscheinen samt Gefolge kommt Bewegung in die Gesellschaft. Vor allem Faust und die Herzogin sind sofort voneinander angetan. Auf Geheiß des Herzogs läßt Faust den König David erscheinen, der vor der Bundeslade »possenhaft vergnügt und abenteuerlich geputzt« tanzt, »und hinter der Lade, mit Spießen in den Händen, hüpfen schaukelnd einher die königlichen Leibgarden, gekleidet wie polnische Juden in lang herabschlotternd schwarzseidenen Kaftans und mit hohen Pelzmützen auf den spitzbärtigen Wackelköpfen«. Heine pur, Ästhetik der Stichelei.

Faust liebt die Herzogin, er sieht ihr Teufelsmal am Hals. Sie verabreden sich zum Hexensabbat, der alte Herzog merkt es und will den Rivalen erstechen. Der aber greift zum Zauberstab und zaubert ihm ein gewaltiges Geweih aufs Herrscherhaupt. Es kommt beinahe zum Kampf zwischen den Höflingen und den herbeigezauberten Rittern Fausts. Doch flugs sind der Schwarzkünstler und seine Teufelin auf schwarzen Rossen entfleucht.

Dritter Akt: Der Hexensabbat findet im Harz oder irgendwo in den Bergen statt – wir wissen es nicht. Doch dunkel wie in der Walpurgisnacht geht es nicht zu. In den Bäumen hängen Lichter, in der Mitte steht ein Teufelsaltar mit einem überragenden schwarzen Bock, der eine brennende Kerze zwischen den Hörnern trägt. Die Kerze, christliches Lichtsymbol, wird zum Phallus persifliert. Das Gebirge im Hintergrund ist wie ein Amphitheater, auf dem die Notabilitäten der Hölle hocken und zuschauen, auf den Bäumen musizieren Musikanten mit Vogelgesichtern. Die Szene unten ist einer internationalen Trachtenschau vergleichbar, alles barock bizarr, aber auch hübsch. »Positives Grauen«, nennt es Heine. Auf Besenstielen, Mistgabeln, Kochlöffeln, auch auf Katzen und Wölfen fliegen die Gäste ein. Großwürdenträger der Kirche dürfen nicht fehlen. Die Herzogin kommt auf einer riesigen Fledermaus herangeflogen, sie ist fast nackt. Sie und Faust fallen sich in die Arme, dann ziehen sie sich zurück. Als sie wieder auftauchen, ist Faust verstört und wütend, die Herzogin verzweifelt. Ende der Liebe. Er sehnt sich nach dem wahrhaft Schönen. Also zu Helena. Auf Rossen geht es südwärts, die zurückgelassene Herzogin fällt in Ohnmacht. Das Fest geht seinem Ende zu. Unter den Klängen einer parodierten Kirchenmusik verbrennt der Bock auf dem Altar.

Vierter Akt: Griechenland, eine Insel im Meer, deren Königin Helena ist. Vollkommene Harmonie der Landschaft: Jungmänner in weißen Festgewändern, Jungfrauen in »leichtgeschürzter Nymphentracht, ihre Häupter geschmückt mit Rosen oder Myrthen, hier ist alles reale plastische Seligkeit ohne retrospektive Wehmut, ohne ahnende leere Sehnsucht.« Faust und Mephistophela werden tanzend begrüßt. Faust und Helena lassen sich auf Thronen nieder, vor ihnen entwickelt sich ein von Mephistophela angezetteltes dionysisches Fest mit Amoretten auf weißen Schwänen, die mit einem Mal das Weite suchen. Denn die Herzogin naht auf ihrer Riesenfledermaus. Sie tritt vor die beiden Liebenden, droht, beschwört einen Sturm. Alles, auch die Natur, stirbt. Und feiert weiter. Helena ist ein Skelett, die Festgäste sind zu Lamien (Schreckgespenster) verkommen. Aus der Traum. Faust greift zum Schwert und durchbohrt die Herzogin.

Fünfter Akt: Zurück in Deutschland, ein Domplatz, Kirmes. Faust ist ein hochangesehener fahrender Doktor, der Urinproben begutachtet, Zähne zieht und vor allem eine Droge verhökert, die tanzwütig macht, was zu allgemeiner festlicher Heiterkeit führt. Faust erklärt schüchtern der liebreizenden unschuldigen Tochter des Bürgermeisters seine Liebe, deutet zur Kirche hin, wo man sich gleich trauen lassen könnte. Gesagt, getan. Doch jetzt ist der Teufel da, baut sich als Mephistophela vor Faust auf. Der Himmel verdunkelt sich schon wieder, abermals zieht ein Sturm auf. Alle flüchten schutzsuchend in den Dom. Als Faust dasselbe tun will, erhebt sich aus dem Boden eine Riesenhand und verwehrt ihm den Eintritt.

Mephistophela faßt in ihr Dekolleté und zieht den mit Blut geschriebenen Vertrag hervor, dann tut sich die Hölle auf, allerlei unterirdische Großviecher tanzen »in jubelnder Ronde« hervor. Mephistophela verwandelt sich zur Schlange, umringelt den um Gnade bettelnden Faust und erdrosselt ihn. Mit Faust als Beute geht es unter Geprassel zurück in die Flammenwelt. Übrig bleiben Glockengeläut und Orgelspiel.

1846/47 verfaßte Heine dieses, wie er sagte, »magere Libretto«, eine choreographische Bedienungsanleitung zur ballettösen Verfeinerung eines verrußten, verstopften Sagenstoffes. Es ist Heines an Verhöhnung reiches Schicksal, dieses Tanzpoem in einer Zeit zu schreiben, in der sich seine Krankheit zu einer fortschreitenden allumfassenden Lähmung seiner Gliedmaßen entwickelt.

In Thomas Manns (1875 – 1955) DOKTOR FAUSTUS von 1947 ist Faust der Komponist Adrian Leverkühn. Serenus Zeitblom, Inbegriff des deutschen Sesselgelehrten, wie ihn das Biedermeier schuf und wie wir ihn heute kaum mehr antreffen – halbgelehrt immer noch, wenn auch aussterbend –, erzählt während der letzten Wirren des Zweiten Weltkriegs das Leben seines Freundes Leverkühn, der sich dem Teufel verschreibt, um jene Schöpferkraft zu erreichen, wie er sie sich als Künstler wünscht.

Adrian wächst als Sohn einfacher Leute auf dem Land in Thüringen auf. Sein Vater hat etwas vom alten Faust, er unternimmt allerlei alchimistische, halb okkulte Laborversuche. Der hochintelligente Adrian besucht das Gymnasium bei seinem Onkel in Kaisersaschern, lernt das Orgelspiel bei Wendell Kretzschmar, einer Figur, für die Adorno mit seinen musiktheoretischen Überlegungen Pate gestanden ist. Kretzschmar, ein wild stotternder Mensch, vermittelt Adrian einen faszinierenden Aspekt der Musik: die Verzahnung von mathematischer Genauigkeit – also einer strengen Begrenztheit einerseits – mit dem unfaßbaren Mysterium der Musik, das diese Begrenztheit konterkariert.

Zunächst studiert Adrian Theologie; nicht um seiner Unruhe Herr zu werden, sondern weil er sich Erfolg auf seiner künstlerischen Suche verspricht, weil er, der Künstler, den Erz-Künstler Gott auskundschaften will. Doch die Theologie hält nicht das, was sich Leverkühn von ihr versprochen hat, er bricht das Studium ab und wendet sich vollends der Musik zu. Dabei wird ihm klar, was er früh schon gespürt und gefürchtet hatte: Ihm fehlt eine wichtige Seite, um Größe entwickeln zu können – die unverbogene Naivität. Erst fürchtet er und schließlich weiß er, daß jeder schöpferische Akt von seiner eigenen kritischen Intelligenz sabotiert wird. Er denkt nicht nur zuviel, sondern vor allem zu kalt und zu genau, er kann sich nicht wundern, kann nicht herzlich bewundern. Leverkühn sieht sich am Ende einer Musikgeschichte stehen, die ihm nichts Schöpferisches übriggelassen hat. Er ist zu stolz, um mit einzelnen musikalischen Versatzstücken kunstvoll zu jonglieren, um daraus Neues, eigentlich nur Scheinneues zu komponieren.

In Leipzig landet er absichtslos in einem Bordell. Eine der Dirnen berührt versehentlich seine Wange. Ein Schock durchfährt ihn. Er sucht das Weite, will solcherlei nicht haben. Doch muß er nach einiger Zeit wieder zurück. Aber Hetaera Esmeralda, das Freudenmädchen, ist fort. Sie hat Leverkühn zu einer Tonfolge inspiriert, h-e-a-e-es, die seine Komposition prägt. Er findet Esmeralda an einem anderen Ort. Er will mit ihr schlafen. Sie warnt ihn, sie hat Syphilis. Was dem klassischen Faust der Bluttitel ist, ist dem Neo-Faust die Ansteckung. Es ist ein Tod auf Raten beziehungsweise ein Leben auf Zeit. Damit ist der theologische Konflikt zwischen Himmel und Hölle, zwischen Schöpfer und Zerstörer nicht nur säkularisiert, sondern in einem »einzigen Leib gebunden«.

Nach einem Aufenthalt in München, dieser Stadt mit ihrer typischen präfaschistischen Gesellschaft, wie sie auch Feuchtwanger in ERFOLG zeichnet, kommt der Held nach Palestrina, er sitzt in seinem Zimmer und liest gerade Kirkegaard über Mozarts DON GIOVANNI, als gegenüber auf dem Roßhaarsofa jemand Platz nimmt, von liederlichem Aussehn, »eine Sportmütze übers Ohr gezogen, und auf der andern Seite steht darunter rötlich Haar von der Schläfe hinauf; rötliche Wimpern auch an geröteten Augen, käsig das Gesicht, mit etwas schief abgebogener Nasenspitze; widrig knapp sitzende Hose und gelbe vertragene Schuhe«. Ein Lude augenscheinlich. Doch mit der näselnden Artikulation eines Schauspielers. Obendrein spricht der Eindringling nicht italienisch, wie Leverkühn erwartet.

»Sprich nur deutsch!« ruft der Fremde. »Nur fein altdeutsch mit der Sprache heraus. Ist gerad recht meine Lieblingssprache. Manchmal versteh ich überhaupt nur deutsch.« Der seltsame Mann ist der Teufel. Umsonst sträubt sich Leverkühn gegen den ungebetenen Gast – so ungebeten sei er nicht, sagt der, beide seien schon lange miteinander verbunden, ihr Verhältnis mittlerweile soweit gediehen, daß es »denn doch einmal nach einer Aussprache drängt«. Wieso er ihn ausgerechnet hier im heidnisch katholischen Italien aufsuche, will Leverkühn wissen. Und der Befragte antwortet: »Ich bin zwar deutsch, kerndeutsch meinetwegen, aber doch eben auf alte [vermutlich vorhitlerische] bessere Art, nämlich von Herzen kosmopolitisch.«

Ob er das Unwesen dieser eisigen Kälte nicht abstellen könne, bittet Leverkühn. Leider nein, antwortet der Teufel. »Ich bin nun einmal so kalt.« Mit welchem Recht er sich hier einfinde, will Leverkühn wissen. Und der Fremde antwortet, daß Leverkühn den Pakt eigentlich schon mit der bewußt angenommenen Syphilis besiegelt habe, denn nicht Esmeralda galt das Interesse des Komponisten, sondern ihm, dem Teufel. In der Syphilis habe er sich »die Illumination« geholt, »das Aphrodisiacum des Hirns, nach dem es dich mit Leib und Seel und Geist so gar verzweifelt verlangte«. Sie seien also unumkehrlich »im Vertrage und im Geschäft, dieser mein [des Bösen] Besuch gilt nur der Konfirmation«.

Er wolle jetzt klarstellen: 24 Jahre seit dem syphilitischen Start stünden ihm zur Verfügung, und Teufel samt Helfershelfer werden ihm zur Seite bleiben. Doch unter einer Bedingung: »Du darfst nicht lieben.« Blödsinn, sagt Leverkühn, denn die Sache mit Esmeralda sei doch Liebe gewesen, der Teufel führe sich ad absurdum mit seiner Forderung. Nun wird präzisiert: Liebe ist dir verboten, insofern sie wärmt. Dein Leben soll kalt sein.« Denn diese Kälte sei das Geheimnis zur Größe. Aus seiner Leibeskälte werde er in die Flammen seiner Kompositionen flüchten. Versprochen wird die »zweifellose und gläubige Inspiration«. Leverkühn zieht sich nach Pfeiffering bei Waldshut zurück und lebt für 19 Jahre ganz seinem Komponistendasein. Höhepunkt seiner Arbeit ist die symphonische Kantate DR. FAUSTI WEHEKLAG, Ausdruck eines rettungslos Verlorenen, zugleich die Bearbeitung des eigenen Untergangs. Leverkühn weiß, das Stundenglas, von dem der Teufel gesprochen hat, leert sich. Er versammelt seine Freunde, um sich wie der Volksbuch-Faust mit einer Lebensbeichte zu verabschieden und sich selbst mit der Komposition zu erklären. Während des Klavierspiels bricht Leverkühn zusammen. Er kommt nach München in eine geschlossene Nervenheilanstalt, danach über einen Umweg zu seiner Mutter in seinen thüringischen Heimatort. Dort stirbt er 1940.

Die Person des Adrian Leverkühn steht nur bedingt in allegorischem Zusammenhang mit Nazideutschland, denn die Katastrophe des Komponisten ist in wesentlichen Aspekten eine Künstlertragödie. Aber die »Hoffahrt«, der Dünkel und die Überheblichkeit Leverkühns sind auch Eigenschaften des damaligen Deutschland.

Faust auf DDR-Deutsch – diese spezielle Variante zum Thema bietet Hanns Eislers JOHANN FAUSTUS, nicht nur wegen seines Inhalts, sondern wegen der Wirkungsgeschichte dieses Textes. Eisler (1898 – 1962) ist Komponist

der DDR-Nationalhymne, er war Schüler Arnold Schön-
bergs, schrieb vor 1933 Bühnenmusiken zu Brechtstücken,
emigrierte 1935 in die UdSSR. In den vierziger Jahren war
er Filmkomponist in Hollywood, bis er 1948 abgeschoben
wurde. Im amerikanischen Exil hatte er Kontakt zu
Thomas Mann und nahm regen Anteil an der Entstehung
dessen FAUSTUS-Romans. Nach seiner Ankunft in der DDR
veröffentlichte Eisler 1952 im Aufbau Verlag seine Variante
des Stoffes, ein Opernlibretto in drei Akten mit dem Titel
JOHANN FAUSTUS. Inhaltlich ist der Text sowohl dem Volksbuch, als auch zugleich der sozialistischen Idee verbunden.

Der angesehene Gelehrte Faust lebt im Wittenberg des
Jahres 1525. Er ist Zeuge der Niederschlagung der von
Luther abgelehnten Bauernrevolte um Thomas Münzer.
Faust, Abkömmling des Bauernstandes, sympathisiert mit
den Aufständischen, ohne sich offen mit ihnen zu solidari-
sieren. Ihm ist Philosophie und Wissen wichtiger als
Politik. Statt dessen paktiert er mit dem Teufel, geht in die
USA, wo er sich mit den Mächtigen von Atlanta einläßt
und ihr Unterhalter wird. (Diese erinnern an Parteigänger
von Senator McCarthy, dem Leiter der Kommission gegen
kommunistische Umtriebe in den Vereinigten Staaten.)
Faust muß flüchten, kehrt nach Wittenberg zurück, findet
das alte Elend der Bauern vor und verspricht dem Kaiser
Gold für sein Heiliges Römisches Reich Deutscher Nation.
Als er mit Ehren überhäuft und sogar von Luther umarmt
wird, erkennt er seine Verfehlungen. Doch ist nun seine
Zeit abgelaufen. Er hat die politisch notwendige Arbeit
und die Unterstützung des Klassenkampfes unterlassen.
Sein Fazit: »Kam nur vom Regen in die Traufen« und
»Kann nimmer ein Vorbild sein.« Dann holt ihn der Teufel.

Eisler wollte eine Oper schreiben, »die mit dem Volk auf
Du und Du steht.« Brecht, Thomas Mann und Feucht-

wanger beurteilten das Stück wohlwollend. Die damalige stalinistische Kulturführung verlangte dagegen »sozialistischen Realismus« und »optimistische Kunstwerke«. Diesem Anspruch entsprach das Werk natürlich nicht. Eisler wurde heftig attackiert. Seine gegen den Koreakrieg gerichteten antiamerikanischen Liedkompositionen »Ami Go Home« und »No, Susanna« wurden wegen ihrer jazzigen Färbung abgelehnt und bekamen Sendeverbot. Hinter den Gegnern aber stand das mächtige Zentralkomitee der Kommunistischen Partei. Man kritisierte, Eisler habe mit seinem Faustus keine »geistige Heldenfigur« und keinen »leidenschaftlichen Kampf« für die gerechte Sache gezeigt. Im NEUEN DEUTSCHLAND wird von einer »Leugnung des Fortschritts« und »antinationaler Konzeption« gesprochen. In einer anderen Ausgabe klagt ein Kulturfunktionär: »Das sollen die typischen Gefühle eines Deutschen gegenüber dem imperialistischen Amerika sein!« Und: Eisler habe dem Volk eine »blödelnde Ausdrucksweise« angedichtet, das zeuge von intellektueller Überheblichkeit.

Den Vogel schoß der Chef der DEFA, Rodenberg ab. Er nannte Eislers FAUSTUS einen »titoistischen Menschen«. (Wie Goethes FAUST ausgelegt wurde, zeigt ein von den Eisler-Gegnern angeführtes Zitat aus der sowjetischen Fachliteratur: Goethe schildere in seiner Tragödie »die Erhabenheit der menschlichen Arbeit« und »die Grundlage des Fortschritts der Menschheit«). Der Zurechtgewiesene hielt anfangs noch wacker dagegen, dann verfiel er in Depressionen. Er ließ das Stück liegen. Die beabsichtigte Vertonung kam nicht mehr zustande. Als über zwanzig Jahre später am Landestheater Tübingen die Uraufführung erfolgte, nannte man das Stück sinnigerweise eine »Oper ohne Musik«.

Anhang

Faust-Kompositionen – eine Auswahl

1724	John Thurmond (Lebensdaten unbek.) Harlequin Doktor Faust (Ballett; Uraufführung 1723)
1779	Karl von Ordonetz (1734 – 1786) Fausts letzter Tag (Pantomime)
1790	Johann Friedrich Reichardt, (1752 – 1814) Musik zu Goethes Faust
1791	Fürst Anton Radziwill (1775 – 1833) Bühnenmusik zu Goethes Faust (Teilaufführung 1819)
1791	Karl Eberwein (1784 – 1868) Bühnenmusik zu Goethes Faust I (Uraufführung 1829)
1797	Johann Ignaz Walter (1759 – 1822) Doctor Faust (Oper)
1813	Ludwig Spohr, Faust (Singspiel; 3 Akte; Uraufführung 1. Sept. 1816)
1814	Josef Strauß (1793 – 1866) Fausts Leben und Thaten (Oper)
1815	Franz Schubert, Chor der Engel. Aus Goethes Faust für gemischten Chor (D 440)
1825	Henry Bishoph (1786 – 1855) Faustus (Musik zu einem Drama von George Soane)
1829	Hector Berlioz (1803 – 1869) Huit scènes de Faust
1829	Albert Lortzing (1801 – 1851) Don Juan und Faust (Schauspielmusik nach Grabbe)
1831	Richard Wagner (1813 – 1883) Sieben Kompositionen zu Goethes Faust, WWV 15
1832	Mendelssohn-Bartholdy (1809-1847) Erste Walpurgisnacht, op. 60 (Kantate)

1832	Léon de Saint-Lubin (1805 – 1860) Dr. Fausts Vetter (Pantomime)
1836	Kal Loewe (1796 – 1869) Gesammelte Lieder, Gesänge und Balladen op. 9 (Ach neige, Meine Ruh' ist hin, u.a.; 1836 gedruckt)
1840	Richard Wagner, Eine Faust-Ouvertüre (Erste Fassung)
1843/53	Robert Schumann (1810 – 1856) Szenen aus Goethes Faust (Uraufführung 1862)
1846	Hector Berlioz, La Damnation de Faust (Oper)
1850	Franz Lachner (1803 – 1890) Faust (Oper)
1852	Ludwig Spohr, Faust (Endfassung)
1854	Franz Liszt, Eine Faust-Symphonie in drei Charakterbildern
1856	Karl Eberwein (1784 – 1868) Bühnenmusik zu Goethes Faust II, 1. Akt
1859	Charles Gounod (1818 – 1893) Faust et Marguerite (5 Akte; Premiere am 19. März 1859)
1862	Julius Hopp (1819 – 1885) Fäustling und Margarethel (Opernparodie)
1868	Arrigo Boito (1842 – 1918) Mefistofele (Oper in vier Akten nach Faust I u. II)
1869	Hervé (=Florimond Ronger 1825 – 1892) Le petit Faust. Opéra bouffe (3 Akte)
1872	Ferdinand von Roda (1815 – 1876) Faust, op. 40 (Musikdrama)
1887	Heinrich Zöllner (1854 – 1941) Faust (Musikdrama, 4 Akte)
1894	Antonius Hafermann (Lebensdaten unbek.) Noch eene Fauß! Eene kölsche Fauß!
1907	Alfred Brüggemann (1873 – 1944) Der Doktor Faust (Oper)

1913   Lili Boulanger (1893 – 1918) Faust et Hélène
        (Kantate als Bühnenspiel nach einer frz. Adaption
        aus Goethes Faust II)

1920   Sergej W. Rachmaninov (1873 – 1943) Klavier-
        sonate op. 28, Nr. 1 (»Nach der Faustlektüre«)

1925   Ferruccio Busoni (1866 – 1924) Doktor Faust
        (Oper nach dem Puppenspiel)

1936   Hermann Reutter (1900 – 1985) Doktor Johannes
        Faust (Oper; 3 Akte)

1947   Werner Egk (1901 – 1983) Abraxas. Ein Faust-
        ballett

1949   Hanns Eisler (1898 – 1962) Rhapsodie für großes
        Orchester und Sopransolo nach Texten aus Faust II

1949   Paul Dessau (1894 – 1979) Schauspielmusik zu
        Faust I

1949   Paul Dessau, Sieben Lieder zu Goethes Faust

1950   Hermann Reutter, Don Juan und Faust (Oper)

1952   Paul Dessau, Bühnenmusik zur Urfaust-
        Inszenierung

1952   Hanns Eisler, Johann Faustus (nur Libretto)

1960   Henri Pousseur (Musik) und M. Butor (Text), Votre
        Faust. Fantasie variable genre opéra

1977   Wolfgang Rihm, Faust und Yorick (Oper)

1995   Alfred Schnittke, Faust. Oper in 3 Akten und
        einem Epilog

Zeittafel

Zwischen 1478 und 1480	(Johann) Georg oder Jörg Faust wird als unehelicher Bauernsohn im damals pfälzischen, heute württembergischen Knittlingen (zwischen Karlsruhe und Heilbronn) geboren.
20. 8. 1507	In einem Brief an einen Amtsbruder äußert sich der Abt Johannes Trithemius abfällig über Faust.
1520	Rechnungsvermerk beim Bamberger Bischof Georg III: 10 Gulden an Faust für die Erstellung eines Horoskops.
17. 6. 1528	Ausweisung des »Wahrsagers« aus Ingolstadt.
10. 5. 1534	Ausweisung des »Sodomiten und Nigromantico« aus Nürnberg.
1540	Tod in Staufen i. Br. vermutlich durch eine Laborexplosion.
1587	Erstes Faust-Volksbuch: HISTORIA VON D. JOHANN FAUSTEN ... GEDRUCKT ZU FRANCKFURT AM MAYN DURCH JOHANN SPIES .
1599	Georg Rudolf Widmann kommentiert MIT NOTHWENDIGEN ERINNERUNGEN UND SCHÖNEN EXEMPELN den ERSTEN THEIL DER WARHAFFTIGEN HISTORIEN VON ... D. IOHANNES FAUSTUS
1674	DAS ÄRGERLICHE LEBEN UND SCHRECKLICHE ENDE DES ... D. JOHANNIS FAUSTI... MIT NEUEN ERINNERUNGEN... VERMEHRET DURCH JOH. NICOLAUM PFITZERUM (Johannes Pfitzer).
28. 8. 1749	Johann Wolfgang von Goethe geboren in Frankfurt a. M.
1753	Goethe bekommt an Weihnachten von der Großmutter ein Marionettenpuppenspiel geschenkt und lernt den Fauststoff kennen.

Ca. 1756
14. 1. 1772   Goethe, der Leipziger Student, besucht »Auerbachs
Keller« mit den Wandbildern aus Fausts Leben.
Rechtsanwalt Goethe erlebt die Enthauptung der
24-25jährigen Kindsmörderin Susanna Margarete
Brandt.

1773 – 1775   Entstehung der Frühen Fassung, des sog. URFAUST.
1775 kommt Goethe nach Weimar. Hier liest er
der Hofgesellschaft den URFAUST vor. Louise von
Göchhausen fertigt eine Handabschrift an und
rettet damit das von Goethe vernichtete Frühwerk.
Es wird 1887 im Nachlaß der Hofdame gefunden.

8. 12. 1787   Brief Goethes aus Italien an Carl August von
Weimar: »An Faust gehe ich ganz zuletzt.« Später
schreibt Goethe vermutlich einen Entwurf zur
Paktszene und die Hexenszene.

1790   Bei Göschen erscheint FAUST. EIN FRAGMENT (2135
Verse).

Ab 1797   Auf Schillers Drängen nimmt Goethe die Arbeit
am FAUST auf. (1797: Zueignung; Prolog im
Himmel; die Paktszene; 1798 – 1801: Walpurgisnacht).

9. 5. 1805   Tod Schillers.

22. 4. 1806   FAUST vorläufig abgeschlossen.

1808   Veröffentlichung FAUST. DER TRAGÖDIE ERSTER
TEIL.

Ab 1824   Eckermann drängt zur Fertigstellung der Tragödie,
also des Zweiten Teils.

25. 2. 1825 – Kontinuierliche Arbeit bis zur Fertigstellung.
22. 7. 1831

Juni 1826   Goethe vollendet den Helena-Akt (= III. Akt),
der im Jahr darauf als HELENA. KLASSISCH-ROMAN-
TISCHE PHANTASMAGORIE im Bd. 4 der Ausgabe
letzter Hand erscheint.

1827	Szenen am Kaiserhof (I. Akt).
1829 – 1830	Klassische Walpurgisnacht (II., IV. und V. Akt).
22. 7. 1831	Tagebucheintrag: »Das Hauptgeschäft zu Stande gebracht.«
22. 3. 1832	Tod Goethes. FAUST II erscheint als Bd. 1 der Nachgelassenen Werke (= Bd. 41 der Ausgabe letzter Hand).

Zum Weiterlesen

Ein derart komplexes und komprimiertes Werk wie FAUST bedarf eines Begleittextes. Zwei Kommentatoren seien erwähnt: Erich Trunz und Albrecht Schöne.

Trunz kommentiert die auch im Taschenbuch vorliegende populäre Hamburger Ausgabe des FAUST, erschienen 1988, Schöne jene des Deutschen Klassikerverlags von 1994. Auf die Frage, ob der Leser unserer Tage Goethes Hauptwerk gewinnbringend lesen könne, antwortet Schöne mittels seines 700 Seiten zählenden Kommentars mit einem eindeutigen Ja. Er erklärt frisch und undogmatisch und vor allem enorm fundiert. Dieser Kommentar ist eine Fundgrube für sich, den man beinahe ohne den Primärtext lesen könnte. Zudem räumt Schöne uneitel Unerklärliches ein, statt es zu übergehen. Einen derart facettenreichen Kommentar wünscht man sich wie bei einem zweisprachigen Buch als Parallelbegleitung zum Text.

Ein wenig mag sich das auch Erwin Leibfried gedacht haben. In seinem fünfbändigen GOETHE erklärt er vor allem den stark erklärungsbedürftigen FAUST II auf schwung- und lustvolle Weise.

Leider lag bei Fertigstellung dieses Buchs Leibfrieds enorm gelen-
kige Arbeit noch nicht vor.

Für Lernende und Lehrende eignet sich Heinz Hamms GOETHES
FAUST. Knappe 250 Seiten behandeln neben dem sogenannten
URFAUST und FAUST. EIN FRAGMENT die Endfassung der Tragödie
I. und II. Teil unter besonderer Berücksichtigung literatursozio-
logischer Paradethemen wie Arbeit, Besitz, Wirtschaft und
Revolution.

Mehr dem Profi zugedacht ist das von Theo Buck herausge-
gebene GOETHE HANDBUCH mit einer systematischen wie
themenorientierten Interpretation und einer besonderen Berücksichtigung der FAUST-Rezeption und -Bühnengeschichte.

Fast ausschließlich rezeptionsorientiert ist Willi Jaspers FAUST
UND DIE DEUTSCHEN. Jasper denkt nach über den Sog, den Goethes Werk vor allem im 20. Jahrhundert ausgeübt hat. Das Buch
ist politisch, auch polemisch, zuweilen packend, und setzt sich
mit der alten neuen heimlichen Lust nach deutscher Größe aus-
einander.

Dem naturphilosophisch und naturwissenschaftlich interessier-
ten Germanisten empfiehlt sich Dorothea Lohmeyers FAUST UND
DIE WELT. DER ZWEITE TEIL DER DICHTUNG. Trunz meinte, jedes
FAUST-Seminar sollte dies Buch greifbar haben.

Frank Möbus und andere haben den Katalog FAUST.
ANNÄHERUNG AN EINEN MYTHOS zu einer Ausstellung von 1995/
1996 in Göttingen und Weimar herausgegeben. Der gutausge-
stattete Band stellt die Wandlung vom historischen zum literari-
schen Faust wie dessen mythische Erhebung vor. Darüber hinaus
findet man Beiträge über Faust in Theater, Musik, Film und bil-

dender Kunst, über den mißbrauchten Mythos im Zeitalter des Wilhelminismus, des Nationalismus und des DDR-Kommunismus wie auch über die Trivialisierung im Alltag der BRD. Prädikat: sehr empfehlenswert.

Eine große Hilfe ist (wie bei diesem Namen nicht anders zu erwarten) Gero von Wilperts GOETHE-LEXIKON. 1200 Seiten praller Information. Allein aus Zeitersparnis kann es sich kein Goethe-Fachmann leisten, dieses Buch nicht zu besitzen.

Der Eichborn Verlag lädt zu bewußt einseitiger Betrachtung des ersten Tragödienteils mit seiner STRAFAKTE FAUST ein, verfaßt von Jens P. Gieschen und Klaus Meier. Hier finden sich »Goethes berühmte Triebtäter auf dem juristischen Prüfstand«. Wer also vom Fach ist oder das StGB im Regal hat, wird sich bei der Lektüre belohnt sehen. Wer nicht, kann an den Illustrationen von Moritz Retzsch (1779 – 1857) erkennen, wie kaltblütig das 19. Jahrhundert die Faustgeschichte verkitschte.

Danksagung

Ausdrücklich möchte ich Wolfgang Schmidhuber danken. Er war mein Merck, jener wache Kritiker Goethes (und Vorbild für Mephisto), der viele Fehler und Ungenauigkeiten zu vermeiden geholfen hat, der Fragen zu Gott, der Welt und Sonstigem zu beantworten wußte. Es ist ein Glück, jemanden wie ihn zu kennen.